좋은습관50

성공과 행복을 부르는
좋은습관50

1판 1쇄 발행 2010년 5월 20일

지은이	박찬영
펴낸이	박찬영
기획편집	정민정, 김혜경, 한미정
디자인	박시내
마케팅	이진규, 장민영

발행처	리베르
주소	서울시 용산구 용산동5가 24번지 용산파크타워 103동 505호
등록번호	제2003-43호
전화	02-790-0587, 0588
팩스	02-790-0589
홈페이지	www.liberbooks.co.kr
커뮤니티	blog.naver.com/liber_book (블로그) cafe.naver.com/talkinbook (카페)
e-mail	skyblue7410@hanmail.net

ISBN　978-89-91759-92-3 (03320)

리베르(LIBER)는 디오니소스 신에 해당하며 책과 전원의 신을 의미합니다.
또한 liberty(자유), library(도서관)의 어원으로서 자유와 지성을 상징합니다.

성공과 행복을 부르는
좋은습관 50

박찬영 지음

하나의 새로운 습관이
우리가 깨닫지 못한 '내 안의 낯선 나'를 일깨울 수 있다.

- 생텍쥐페리

머리말

　성공의 이론서들은 철저한 계획, 강력한 카리스마, 화려한 인맥, 정확한 시간 관리 등을 성공하는 사람들의 주요한 덕목으로 꼽습니다. 성공에 대한 일반적인 법칙들은 대체로 성공한 사람의 겉모습에서 끌어낸 것들입니다. 정작 성공한 사람들의 진짜 모습은 접하기 어려웠습니다. 독자들은 책 속의 슈퍼맨들을 멘토로 삼지만, 그들과 자신을 비교하면서 현실과의 괴리감을 느꼈을 것입니다.
　성공한 사람들에게는 과연 나와 다른 특별한 점이 있었을까요? 그들도 처음에는 평범한 사람이었을 것입니다. 그러면 그들의 성공 비결은 과연 무엇일까요?
　시험에는 문제와 해답이 정해져 있지만 사람이 살아가는 데는 문제와 해답이 정해져 있지 않습니다. 스스로 문제를 만들고 스스로 해결하는 것이 바로 인생입니다. 성공적인 삶에 대한 기준도 사람에 따라 다를 수밖에 없습니다. 어떤 사람은 물질적 성취를 통해, 어떤 사람은 정신적 성취를 통해 삶의 만족을 얻지요. 모든 사람에게 적용되는 좋은 습관이란 있을 수 없습니다. 하지만 성공한 사람들의 공통분모가 되는 좋은 습관은 분명 있을 것입니다.

나에게 맞는 좋은 습관을 찾고, 그 습관을 내 것으로 만든다면 어느덧 성공과 행복도 나의 것이 되어 있을 것입니다. 좋은 습관을 찾는 데 책보다 더 좋은 것은 없습니다. 책은 행복한 사람이나 성공한 사람이 혼신의 힘을 기울여 자신의 경험을 담아낸 것이기 때문입니다. 좋은 사람과 좋은 책과의 만남은 자신의 앞날을 결정하는 데 큰 영향을 미칩니다.

이 세상 일 중에 습관 아닌 게 있을까요. 이 책에는 나를 변화시키는 인생관, 대화의 비결, 일과 놀이의 지혜, 세상의 흐름을 읽는 재테크, 젊게 오래 사는 건강의 지혜, 시간 관리 등은 물론 생각의 속도를 높이는 학습법과 독서법도 소개되어 있습니다. 습관의 스펙트럼을 모든 각도에서 비춰보았다고 할 수 있지요. 이 책을 통해 최고의 경지에 오른 사람들의 성공 습관과 인생관의 정수를 엿볼 수 있을 것입니다.

 독자에 따라서는 이 책에 소개된 내용이 기존의 생각과 다른 부분이 많다는 것을 느낄 것입니다. 우리가 성공과 행복을 추구해 왔지만 만족할 만한 결과를 얻지 못한 것은 기존의 생각에 얽매여 있었기 때문은 아닌지 반문해 볼 필요가 있습니다. 우리는 자신의 생각과 다른 부분을 통해 새로운 깨달음을 얻고 자신만의 좋은 습관을 형성해 나갑니다. 이 책이 기존의 편견을 깨고 성공과 행복을 위한 좋은 습관을 형성하는 데 도움이 되기를 기대합니다.

박찬영 씀

차례

나를 변화시키는 인생관

하나. 성공한 사람들은 평범한 사람들이었다   14
둘. 내면에서 울리는 소리에 귀 기울여라   18
셋. 완벽주의의 환상에서 깨어나라   21
넷. 행복의 이론에 얽매이지 마라   25
다섯. 행복을 내일로 미루지 마라   29
여섯. 상반되는 감정의 균형을 잡아라   36
일곱. 친절과 봉사는 가장 큰 이익을 가져다준다   40
여덟. 걱정에서 벗어나려면 무언가에 빠져라   45
아홉. 소중한 것은 길을 들여라   49
열. 소유보다는 삶을 선택하라   54
열하나. 죽음을 인식할 때 삶이 자유로워진다   58

일과 놀이가 하나가 되는 삶

열둘. 작심삼일 일곱 번만 하면 계란도 병아리가 된다   64
열셋. 일과 여가를 포트폴리오하라   67
열넷. 공부와 일을 놀이처럼 즐겨라   73
열다섯. 여행은 재미있는 공부다   77

열여섯. '균형형 인간'으로 변신하라 81
열일곱. 창의력은 조합하는 능력이다 87
열여덟. 몰입은 성공으로 가는 지름길이다 91

세상의 흐름을 읽는 재테크

열아홉. 부자가 되려면 시대에 맞는 성공 방정식을 만들라 98
스물. 좋아하는 일을 하면 행복한 부자가 된다 103
스물하나. 상품은 물론 판매자 자신도 디자인하라 105
스물둘. 자신을 브랜드화하라 108
스물셋. 넘보지 못하는 전문성과 창의성을 갖춰라 116
스물넷. 자신이 잘하는 분야에서 유망 분야를 만들어내라 121

내 뜻대로 되는 사랑의 기술

스물다섯. 연애에 성공하기 위한 십계명 126
스물여섯. 좋아하는 남자를 내 사람으로 만드는 비결 138
스물일곱. 연애를 하면 세상이 바뀐다 142
스물여덟. 사랑은 지금 아니면 없다 146

칭찬을 뛰어넘는 유머 화법

스물아홉. 유머는 남과 다르게 생각하는 데서 나온다 · 152
서른. 상대방의 말에 일단 긍정하라 · 156
서른하나. 상대방의 주장에서 한 발 더 나아가라 · 159
서른둘. 공격하는 자는 반드시 허점을 보인다 · 162
서른셋. 위기를 역전의 기회로 만들라 · 164
서른넷. 상대방의 의견을 경청하라 · 167

젊게 사는 건강 비결

서른다섯. 적게 먹고 많이 움직여라 · 172
서른여섯. 천재들은 '산책형 인간'이었다 · 175
서른일곱. 매일 밖에 나가서 힘차게 걸어라 · 180
서른여덟. 등산은 만병통치약이다 · 186
서른아홉. 100세까지 젊게 사는 건강 비결 · 191

성공 속도를 높이는 시간 관리

마흔. 성공하려면 아침 일찍 일어나라   200
마흔하나. 자신에게 맞는 시간의 리듬을 만들라   203
마흔둘. 게으름은 뇌 기능까지 잠들게 한다   207
마흔셋. 하루에 한 시간 활동 시간을 늘리는 방법   210

생각 속도를 높이는 학습법과 독서법

마흔넷. 오감을 동원한 통합 사고를 하라   216
마흔다섯. 이해되지 않는 부분은 뛰어넘어라   220
마흔여섯. 잠자는 머리를 흔들어 깨워라   223
마흔일곱. 영어를 정복해야 세계를 정복한다   226
마흔여덟. 글 잘 쓰는 사람이 성공한다   234
마흔아홉. 완벽한 독서에 대한 강박증을 버려라   244
쉰. 사진을 찍듯이 책을 읽어라   248

나를 변화시키는 인생관

성공한 사람들도 처음에는 우리처럼 평범한 사람이었다.
다만 그들은 남과 똑같이 살지 않았다.
성공한 사람들은 자신이 좋아하는 세계에 빠져들어
자신만의 이미지를 구축해 나갔다는 공통점을 지니고 있다.

꿈을 밀고 나가는 힘은 이성이 아니라 희망이며
두뇌가 아니라 심장이다.
- 도스토옙스키

하나.
성공한 사람들은
평범한
사람들이었다

미국에서 변호사로 활동하고 있는 톰 A. 슈웨이크는 빌 클린턴 전 대통령에서 메리어트 호텔의 빌 메리어트 회장에 이르기까지 정상의 자리에 오른 100인을 직접 만나 성공의 비결에 대해 물어보았다. 그들의 대답은 한결같이 상식을 뒤엎는 것이었다.

"당신은 어떤 일을 실행에 옮길 때 처음부터 구체적인 목표를 세웁니까?"라는 질문에 95퍼센트가 "아니오."라고 답변했다. 성공한 사람들이 구체적인 목표를 가지고 있지 않다는 것을 일반인들은 납득하기 힘들 것이다. 그들은 확고한 계획을 세우는 대신 상황에 따라 유연하게 대처했던 것이다.

우리는 다양한 가능성의 세계에 살고 있다. 지구라는 원의 중심에 서 있는 우리는 어느 방향으로든 갈 수 있다. 앞만 바라보아서는 지금 자신이 어디에 있는지를 볼 수 없을 것이다. 물길을 따라 늘 목표를 수정하지 않으면 표류할 수밖에 없듯이 늘 궤도를 수정하며 앞으로 나아가지 않으면 난관에 부닥칠 수밖에 없다.

"마음만 먹으면 무엇이든 될 수 있다고 믿었나요?"라는 질문에도 "아니오."라는 답변이 95퍼센트였다. 열 번 찍어 안 넘어가는 나무가 없겠지만 '계란으로 바위치기'도 있는 법이다.

어떤 한 분야에서 성공하는 사람은 극소수에 불과하다. 연예인, 축구 선수, 프로 기사, 정치인 등 우리가 알고 있는 대중적 직업인 가운데 성공한 사람은 사실 몇 명 되지 않는다. 그들이 그 자리에 오른 것은 단순히 노력만 해서 된 것은 아니다. 성공하는 사람은 자신의 자리가 아니라고 생각하면 과감하게 물러선다. 자신이 잘하는 일, 자신이 정말 원하는 일이 무엇인지 정확히 찾아낸 사람들이 한 분야에서 최고의 자리를 차지한다.

간절히 원하면 이루어진다고 한다. 긍정적인 생각과 간절한 믿음이 강력한 힘을 발휘하는 것은 사실이다. 그렇다고 모든 것이 마음만 먹는다고 되는 것은 아니다. 원하는 것이 이루어지지 않을 때 그에 따른 부작용은 어떻게 할 것인가. 결국 성공의 '시크릿'은 자신만의 선택과 집중에 있다.

그들은 '꿈은 반드시 이루어진다'는 식의 막연한 꿈은 일찌감치 포기하고 자신이 잘할 수 있는 일을 찾아 자신만의 '성공 습관'을 만들어 나갔다. 그들은 주어진 상황에 적응하며 자신들만의 이미지와 경력 관리의 비결을 만들어 나갔다.

"한 우물을 파면 성공한다"는 생각도 그들에겐 없었다. 보잉의 CFO최고재무책임자 마이크 시어스는 한 가지 일에 대한 능력 발휘의 '유통기한'을 3년으로 보았다. 그는 3년 후의 실적은 '풀빵 찍어 내듯' 비슷해지므로 새로운 일에 도전해야 한다고 생각했다. 변화하지 않는 것은 죽음밖에 없다.

"자신을 최고 수준의 관리자라고 생각합니까?"라는 질문에는 4퍼센트만이 "그렇다!"라고 답했다. 최고 수준이 아닌데도 최고에 올랐다는 것이 아이러니하다. 최고 수준이 되기 위해서는 끝없이 고지를 향해 나아가는 과정이 있어야 한다는 이야기다. 최고는 신의 영역일 뿐이다.

"성공에는 운이 많이 작용한다고 생각한다"는 질문에는 90퍼센트가 "그렇다"라고 대답했다. 당신의 과거를 한번 돌이켜보라. 현재의 나는 고비 고비마다 운에 영향을 받지 않았는지를. 진짜 성공한 사람들은 성공을 자신의 능력으로만 돌리지 않는다. 다만 성공하는 사람은 운이 자신에게 다가올 때 절대 놓치지 않는다. 운도 준비가 되어 있는 사람에게만 다가가서 포옹한다.

80퍼센트 이상이 실패의 두려움에 떨었고, 약한 모습을 감추지 않았다. '실패는 성공의 어머니'라고 하지만 그 말은 실패했을 때의 자기 위안일 수도 있다. 약한 모습을 보이면 주변에서 자발적으로 도움의 손길을 뻗는다. 사람들은 남을 도와줌으로써 행복감을 느끼기 때문이다. 자신의 약점을 고치려면 약점을 숨기기보다 드러내는 것이 최선의 방책이다.

　성공한 사람들은 인맥에는 그다지 신경 쓰지 않았다. 인맥을 만드느라 노력하는 시간에 자신만의 장점과 이미지를 더욱 갈고 닦았다. 자신의 이미지는 나중에 필요한 인맥을 연결시키는 데 중요한 역할을 한다. 인맥보다는 자기 계발이 우선이다. 자기 계발이 안 된 사람이 좋은 인맥을 형성하기는 어렵다. 자기 계발이 안 된 사람이 인맥을 형성했다 하더라도 곧 그 실력과 진정성이 바닥을 드러낼 것이다.

　하늘처럼 높아 보이는 성공한 사람들도 나와 비슷한 존재라는 것을 깨달을 때 사람들은 '나도 할 수 있다'는 자신감과 용기를 얻을 수 있을 것이다. 남들의 칭송을 받는 성공한 사람들도 처음에는 우리처럼 평범한 사람이었다. 다만 그들은 남과 똑같이 살지 않았다. 성공한 사람들은 자신이 좋아하는 세계에 빠져들어 자신만의 이미지를 구축해 나갔다는 공통점을 가지고 있다.

둘.
내면에서
울리는 소리에
귀 기울여라

　　　　　　　대다수 사람들은 세상이 정한 기준에 따라 세상이 원하는 대로 살아가고 있다. 세상의 흐름에 따라 살면서 자신이 원하는 것이 무엇인지 잊고 있다. 남들이 정해 놓은 성공과 행복의 기준에 미달하면, 그 기준에 맞추기 위해 안절부절못하는 것이 바로 우리의 모습이다. 세상이 내가 정말 하고 싶은 일을 가로막거나 잘못 인도하고 있지는 않은가.

　우리가 정말 원하는 것을 하기 위해서는 세상 사람들이 정해 놓은 절대적인 기준을 또 다른 각도로 바로 보아야 한다. 새로운 경지를 구축한 사람들은 기존의 질서에 대한 의심의 끈을 놓지 않았다.

　『월든』의 작가 헨리 데이비드 소로는 자신의 내면이 이끄는 삶을 살라고 충고한다.

왜 우리는 성공하기 위해 그토록 조급해 하고, 그토록 사업적일까. 만일 어떤 사람이 자신의 동료들과 발을 맞추지 않는다면, 아마도 그는 다른 고수鼓手의 북소리를 듣고 있기 때문일 것이다. 그 북소리의 박자가 고르든 늦든, 자신이 듣는 음악에 맞춰 걸어가도록 내버려두라.

다른 사람과 똑같이 성숙해야 한다는 법칙은 없다. 남과 보조를 맞추기 위해 자신의 봄을 여름으로 바꾸어야 할 필요는 더욱 없다. 지금까지 맹목적으로 세상의 북소리에 보조를 맞춰왔다면 이제는 내면에서 울리는 음악에 발을 맞출 때이다.

자신과 비슷한 사람을 쳐다보는 사람은 없다. 세상 사람들이 쳐다보는 사람은 자신의 음악에 맞춰 걸어가는 사람이다. 남과 같은 생각을 해서는 늘 그 자리에 있을 수밖에 없다. 자신이 하고 싶은 일을 할 때 창의력이 샘솟는다. 창의력은 곧 경쟁력이다. 자신이 아닌 다른 누군가와 같은 사람이 되려는 것은 창의력을 포기하는 것과 같다. 창의력 없이 자신을 변화시킬 수는 없다. 대다수 사람들이 원하는 것보다는 자신이 원하는 것을 선택하는 것이 진정한 성공으로 가는 지름길이다.

키에르케고르는 "우리가 절망에 쉽게 빠지는 이유는 우리 자신이 아닌 타인이 되려고 하기 때문이다."라고 말했다. 타인이 정해 놓은 일률적 기준에 대해서는 일단 의심하자. 다양한 시각을 받아들이되, 나만의 균형 감각을 유지하자. 지금까지 의심 없이 받아들였던 기존의 생각들을 다양한 각도에서 재구성하자. 세상의 앞면과 뒷면을 동시에 조감하며 균형 잡힌 삶을 시시각각 선택하자.

새는 왼쪽 날개좌익와 오른쪽 날개우익를 함께 움직일 때 하늘을 날 수 있다. 이제는 나만의 리듬에 발을 맞춰 걸어가 보자. 왼발, 오른발, 균형을 맞춰서……. 사람들은 변화된 당신을 바라볼 것이다.

셋.
완벽주의의 환상에서 깨어나라

완벽주의자로서 마음이 평온한 사람은 드물다. 사람이란 화날 때 화를 내고, 슬플 때 슬퍼해야 한다. 뜨거운 피가 흐르는 결함 많은 인간이 되어야 한다. 자신의 결점을 인정할 수 있는 사람은 남의 결점도 이해할 수 있다. 약간은 모자라고 변덕스러운 사람이 사람다운 사람이다. 인간의 원초적인 희로애락이 사람들 사이에서 흙탕물처럼 뒤엉키면서 여과되고 승화되어야 한다.

사람은 부족함을 느낄 때 그것을 채우려는 생각 때문에 힘차게 살아간다. 부족함은 삶의 에너지다. 달라이 라마는 "해탈은 완전함을 뜻하는데, 완전함이란 곧 무와 같다. 나는 윤회가 더 좋다. 아무것도 없는 것보다는 윤회가 훨씬 더 재미있다."고 말했다.

우리는 무엇이 되어야 한다는, 또 어떻게 행동해야 한다는 생각에 매달려 있지만 실제로는 매우 다르게 행동하고 있다. 원칙, 신념, 이상이 불가피하게 위선과 부정직한 삶으로 이끈다. 완벽해지려는 생각 자체가 우리를 옭아맨다. 이상적인 것을 꿈꿀수록 불만족스런 현재의 상황은 더욱 부각된다. 자신의 이상대로 혹은 다른 이상적인 사람처럼 되려고 노력하다보면 스스로 모순, 혼란, 갈등에 휩싸이게 된다. 이런 사실을 분명히 인식할 때 혼란스런 행동에서 벗어날 수 있다. 세상을 어떻게 인식하느냐에 따라 인생은 크게 달라진다.

악이 이 세상을 혼란에 빠뜨린 것 못지않게 '이상'이 세상을 혼란스럽게 한 점도 간과해서는 안 된다. 개인의 이상이 상충할 때 싸움이 되고, 국가의 이상이 상충할 때 전쟁이 된다. 이상이란 자신의 내적 욕구에서 나온 것이 아니라 대체로 타인들이 만들어놓은 것이다.

냉전 시대에 이데올로기의 차이가 얼마나 많은 전쟁을 야기했는가. 평화와 화합을 내세운 종교 역시 얼마나 많은 전쟁을 일으켰는가. '사상과 사랑'의 이름으로 수많은 사람들이 희생되곤 했다. 세상의 역사는 종교 전쟁의 역사나 다름없었다. 이상을 품는 것은 좋은 일이나 그 '이상' 때문에 사랑과 평화가 파괴된다면 이 얼마나 모순인가. 인간이 이데올로기의 울타리에 갇히는 것은 정신의 감옥에 갇히는 것과 같다. 그 울타리는 인간에게 화합보다 단절을 가져다주었고, 평화보다 전쟁을 가져다주었다.

우리는 대체로 권위라는 장막 때문에 진실을 보지 못하는 경우가 많다. 권위에는 현상을 유지하려는 속성이 있다. 빛이 있는 곳에는 반드시 어둠이 있듯이 아무리 아름답고 훌륭한 것이라도 어두운 이면이 있게 마련이다. 존경받는 명사의 언행을 칭송하며 본받으려고 하는 사람은 많아도 그 이면을 들여다보려는 사람은 별로 없다. 어떤 절대적인 기준을 만들고 그 속에서 빠져 나오지 못할 때 이 사회는 그 부작용에 시달릴 수밖에 없다.

누군가처럼 되어야겠다는 생각이 들 때마다, 내가 생각하는 '이상'에 따라 행동해야겠다는 마음이 들 때마다 스스로를 돌아보자. 지금 이대로의 삶을 사랑하자고 다짐하자. 완벽해지고자 하는 욕심을 발견할 때마다 끊임없이 나의 이상이 사람들을 불편하게 하지는 않는지 되돌아보자. 원칙이 확고한 사람, 결벽증이 있는 사람의 주변에는 사람이 모여들지 않는다. 다른 사람의 까다로운 원칙에 걸려들고 싶어하는 사람은 아무도 없다. 부드러운 사람, 포용력이 있는 사람, 여유 있는 사람, 뭔가 채워지지 않은 사람과 함께 부대끼고 싶어하는 것은 당연한 일이다.

우리가 행복하기 위해서는 슈퍼맨 신드롬에서 벗어나야 한다.

우리는 험한 세상을 살아가기 위해 똑똑하고 강해야 한다고 생각한다. '이상'을 지향하는 인간은 결국 이상해진다. 9세기 아일랜드 왕 코막의 역설적인 처세훈이 그래서 설득력을 지닌다.

너무 똑똑하지도, 너무 어리석지도 말라.
너무 나서지도, 너무 물러서지도 말라.
너무 거만하지도, 너무 겸손하지도 말라.
너무 떠들지도, 너무 침묵하지도 말라.
너무 강하지도, 너무 약하지도 말라.
너무 똑똑하면 사람들은 너무 많은 것을 기대할 것이요,
너무 어리석으면 사람들은 속이려들 것이요,
너무 거만하면 까다로운 사람으로 생각할 것이요,
너무 겸손하면 존중하지 않을 것이요,
너무 말이 많으면 말에 무게가 없을 것이요,
너무 침묵하면 아무도 관심을 가지지 않을 것이요,
너무 강하면 부러질 것이요,
너무 약하면 부서질 것이다.

넷.
행복의 이론에
얽매이지 마라

사장이 물었다.

"요즘 어떤가?"

그는 즉시 대답했다.

"살아오면서 오늘이 가장 행복한 날입니다."

사장이 되물었다.

"결혼하거나 첫 아이 출산하던 날보다 더 행복하단 말인가?"

"분명히 그런 날들도 무척 행복했어요. 하지만 오늘처럼 좋았던 날은 없지요. 그날들 중 어떤 날도 오늘보다 행복하지는 못할 겁니다. 그 하루하루가 모여 지금의 나를 만들어주었습니다. 행복한 날들이 모두 모여서 오늘을 만들어주었으니 바로 오늘이야말로 가장 행복한 날이 아닙니까."

사장은 고개를 끄덕였다.

"그렇군. 이사회에 참석할 준비를 하게. 자네를 영업담당 이사로 특별 승진시키기로 했네. 축하하네."

어떤 책에서 읽은 감동적인 이야기다. 그러나 여기서 생각해 볼 것이 있다. 오늘이 과연 가장 행복한 날일까. 불행한 일을 의도적으로 덮고 있지는 않은가. 불행한 날들이 모여서 가장 불행한 오늘을 만들 수도 있지 않은가. 대부분의 사람들은 즐거웠던 날보다 힘들었던 날들을 더 많이 기억한다.

우리는 흔히 마약 같은 행복의 이론으로 자신의 이성을 마비시킨다. 그래서 진짜 힘든 일이 닥칠 때는 제대로 대처하지 못한다. 행복에 대한 감각이 마비된 사람이 영업을 잘할 수 있을지는 미지수다.

행복의 의미를 다시 한번 생각해 보자. 살아가면서 자신만의 행복의 정의를 가지고 있지 않은 사람은 나침반 없이 항해를 하는 것과 다름없다.

행복은 궁극적인 삶의 목표다. 심지어 동물도 행복을 추구하고 식물도 행복을 추구한다. 식물도 은은한 음악을 들려주면 더 잘 자란다고 한다. 우리는 어떻게 해야 행복을 찾을 수 있을까. 돈과 명예와 지식은 사람을 행복하게도, 불행하게도 할 수 있다. 우리는 어떻게 하면 돈과 명예와 지식의 현명한 관리자가 될 수 있을까. 싫어하는 것도 인내하며 받아들이면 행복이 찾아올까. 내가 좋아하는 일만 하는 것이 행복을 추구하는 길일까.

우리는 인생 최대의 의문에 대한 해답을 행복의 이론서들에서 찾는다. 그 책들은 행복을 위해 살아 있을 동안 어떠어떠한 일을 해야 한다고 당신에게 권고한다. 그 책들이 당신을 마약처럼 환각 상태에 빠뜨리지는 않았는가. 그 책을 읽은 후 과연 당신은 행복해졌는가.

사람들은 흔히 올바른 인생 철학이나 종교의 힘이 없이는 행복할 수 없다고 생각한다. 진짜 중요한 것들은 단순한 것들이다. 가족에게서 기쁨을 얻고, 일에서 즐거움을 느끼고, 계절의 변화에서 늘 새로운 것을 느낀다면 인생 철학이 어떠하든, 어떤 종교를 가지고 있든 행복할 것이다.

사람들이 싫어지고 직장 생활이 지긋지긋하고 마지못해 일을 하고 자연의 변화에 무감각하다면 그때 필요한 것은 인생 철학의 변화가 아니라 내 몸의 변화다. 적절한 운동, 산책, 몸이 원하는 식사 등은 내 몸을 변화시켜 마음까지 편안하게 해줄 것이다. 인간의 마음은 몸의 상태에 많은 영향을 받기 때문이다. 우리의 몸은 우리의 정신을 담는 그릇의 역할을 하므로 어느 정도는 몸의 상태가 정신의 상태를 좌우하기도 한다.

  행복의 이론서로 가장 유명한 책이 영국의 철학자 버트란트 러셀의 『행복의 정복』이다. 아이러니하게도 러셀 자신은 행복의 이론보다 신체의 느낌이 더 중요하다고 보고 있다.

  인간은 동물이다. 따라서 인간의 행복은 관념적인 고상한 생각이 아니라 인간의 생리에 의해 좌우된다. 보잘것없는 결론일지는 모르겠지만 나는 이러한 사실을 부정할 수 없다. 확신컨대, 불행한 사업가는 어떤 철학의 변화보다는 매일 만 보를 걸음으로써 자신들의 행복을 더 증진시킬 수 있을 것이다.

다섯.
행복을 내일로 미루지 말라

당신은 오늘 하루 행복하였는가. 오늘 웃은 기억이 없다면 당신은 행복한 하루를 보내지 않았다. 오늘 하루를 한숨으로 시작해 한숨으로 끝냈다면 당신은 행복하지 않다. 하루를 가슴 두근거리는 마음으로 시작하지 않았다면 당신은 오늘 하루 가치 있는 삶을 살지 않았다.

나이가 들면서 부와 명예를 거머쥐게 되더라도 젊음의 열정을 간직하고 있지 않다면, 가난하지만 열정으로 가득 찼던 젊은 날보다 더 행복하다고 말할 수는 없다. 성공의 계단을 오르면서 책임과 의무가 함께 늘어나 늘 무언가에 매여 있다면 행복한 삶을 살고 있다고 말할 수 없다. 공부 잘해서 좋은 직장에 들어가 높은 직위에 올랐다 하더라도, 자칫 잘못하면 추락할 수도 있다는 불안감에 휩싸여 책임과 의무에서 벗어날 수 없다면 진정 행복한 삶이라고 말할 수 없다.

　사람들은 행복을 미루면서 매 순간 언젠가는 행복해지리라 믿으며 힘겨운 하루하루를 보낸다. 좋은 대학을 졸업해 좋은 직장에 취직하면 행복해질 거라고 생각한다. 직장 생활 초기에는 고생을 감내해 일찍 승진하면 상황이 나아질 거라고 생각한다. 결혼을 해서 아이를 낳고 좋은 집을 장만하면 더 즐거운 생활을 할 수 있을 것이라고 믿는다. 자녀들에 대한 걱정을 하면서 아이들이 자라면 좀 더 여유 있는 생활을 할 수 있을 것이라고 생각한다. 그러나 아이들이 좀 더 자라 10대가 되어도 장래에 대한 걱정으로 편안할 날이 없을 것이다.

　우리는 인생의 각 단계에서 그 시기를 벗어나게 되면 행복해질 것이라고 믿는다. 어느 정도 안정이 된 후에는 좋은 차도 사고 해외여행도 다닐 수 있을 것이라고 생각한다. 은퇴 후에는 더 여유를 즐길 수 있을 거라고 기대한다.

　사람들은 행복을 미루거나 보류해 두려는 습관을 가지고 있다. 막연히 '내게도 행복한 때가 오겠지'라고 생각하는 사람에게는 행복도 찾아가기를 꺼려한다. 지금 현재는 화려한 무대가 아닐지도 모른다. 그러나 우리에겐 무엇보다 소중한 일상이 있다. 늘 함께하며 힘이 되어주는 가족, 매일 해야 할 나의 일, 마음만 먹으면 바라볼 수 있는 파란 하늘이 우리의 곁에 있다. 행복의 파랑새는 지금 이 자리에서 소중함을 찾는 사람에게만 찾아온다.

미래의 성취를 위해 현재의 행복을 미루지 말자. 현재의 행복과 만족을 위해 필요한 일을 연기하지 말자. 우리가 삶을 충실히 살아야 할 시간은 은퇴를 했을 때가 아니라 바로 지금 이 순간이다. 은퇴를 대비한 삶에 모든 것을 걸다보면 현재의 행복도, 은퇴 후의 행복도 자신을 비켜간다.

행복을 움켜잡기에 지금보다 더 나은 때는 없다. 행복은 우리를 기다리지 않는다. 현재는 곧 과거가 되고 사람들은 미래를 향해 나아간다. 그러나 과거는 지나갔고 미래는 아직 오지 않았다. 내일은 또 다른 오늘일 뿐이다. 지금 이 자리에서 행복을 찾아야 한다. 지금 행복하다면 과거와 미래에 대해 고민할 한가한 시간은 없을 것이다.

벨기에의 동화 작가 마테를링크의 작품 중에 『파랑새』라는 동화가 있다. 치르치르와 미치르 남매가 크리스마스 전날 밤 꿈을 꾼다. 꿈속에서 요술쟁이 할머니가 나타나서 병든 딸을 위해 파랑새를 찾아달라고 말한다. 그래서 두 남매는 행복의 파랑새를 찾아서 개, 고양이, 빛, 물, 빵, 설탕 등의 님프를 데리고 멀리 여행의 길을 떠난다. 추억의 나라, 밤의 궁전, 숲, 묘지, 미래의 나라 등을 헤맸지만 끝내 파랑새를 찾지 못하고 돌아온다. 그런데 그 모든 것이 꿈이었다. 꿈에서 깨고 보니 집 문에 매달린 새장 안에서 자신들이 기르고 있던 새가 바로 그 행복을 뜻하는 파랑새라는 사실을 알게 된다. 우리는 자신이 기르고 있는 행복을 잊고 있는 경우가 많다. 그럴 때 과거와 미래에 포위된 우리의 현재는 불행해질 수밖에 없다.

지금 웃고 사랑하고 격려하는 가운데 행복은 움튼다. 행복해지고 싶은 사람은 지금 당장 행복해야 한다. 경제적인 안정을 찾은 후 행복하기에는 인생이 너무 짧다. 행복해지기 위해 기다려서는 안 된다. 웃어보기도 전에 죽게 되면 얼마나 억울하겠는가. 행복은 지금 여기서 찾아야 할 것이다. 먼 곳의 거창한 행복은 나의 것이 아닐 뿐 아니라 당장 나의 것으로 만들 수도 없다. 바로 내 옆에 있는 작은 일에서 감동할 줄 아는 여유를 가져야 행복할 수 있다. 그래야 인생을 후회 없이 살았다고 말할 수 있다.

사람들은 행복에 대한 기대만을 품을 뿐 정작 근심에서는 벗어나지 못하는 경우가 많다. 행복에 대한 기대만 끝없이 이어지는 가운데 인생은 계속 흘러간다. 행복을 움켜잡기에 지금보다 더 나은 때는 없다.

'카르페 디엠'이라는 말이 있다. 영화 『죽은 시인의 사회』에서 키팅 선생이 학생들에게 이 말을 외치면서 유명해졌는데, "현재를 잡아라 Seize the day."로 번역되는 라틴어이다. 시저를 암살한 브루투스의 진영에 가담한 적이 있는 시인 호라티우스는 카르페 디엠을 이렇게 노래했다.

"신께서 오늘이 지난 다음 내일을 준다고 확신할 수 있는 자, 그 누가 있는가?"

바로 지금이 당신의 인생에 행복을 위한 감동의 목록을 추가할 때다. 감동은 쉽게 만들어지는 것은 아니다. 사소한 일에서부터 감동하는 훈련이 필요하다. 감동은 전염성이 강하다. 자신의 감동을 친구에게, 사랑하는 이에게 전달해 보자. 잃었던 감동을 일깨워주는 것처럼 가치 있는 일은 없다. 우리가 지금 당장 실천할 수 있는 작은 행복의 목록을 한번 뽑아보자. 자신의 취향에 맞는 항목을 체크해 실천해보는 것도 의미가 있을 것이다.

일기 쓰기, 골프 치기, 악기 연주하기, 좋아하는 음악 듣기, 구름 바라보기, 석양 바라보기, 녹차 마시기, 친구와 수다떨기, 정원 가꾸기, 어린아이 웃는 소리 듣기, 모래사장 뛰어다니기, 활기차게 걷기, 재미있는 영화 보기, 아이 안아주기, 촛불 켜고 식사하기, 명상하기, 은밀하게 친절 베풀기, 깊이 있는 글 읽기, 달콤한 낮잠 자기, 자전거 여행하기, 숲 속에서 캠핑하기, 꽃 냄새 맡아보기, 실수 자체를 즐기기, 때로는 바보스러울 것 등 찾아보면 얼마든지 있을 것이다. 자신의 취향에 맞는 작은 감동의 목록을 만들어보자.

  나이 든 늙은 사람들이나 불치병에 걸려 곧 생을 마감하게 되는 사람들의 이야기를 들어보면, 그들은 자신들이 행한 어떤 일에 후회하기보다는 마음만 먹고 해보지 못했던 일들에 대해 더 많이 후회한다고 한다. 나딘 스테어라는 미국의 한 노인이 「인생을 다시 시작할 수 있다면」이란 글을 통해 사소한 것에서 행복을 느끼지 못한 것에 대해 후회하는 글을 남겼다. 미국 전역의 수많은 가정에 필사본으로 걸렸던 유명한 글이다. 자신의 행복 목록과 한번 비교해보는 것은 어떨까.

인생을 다시 시작할 수 있다면
다음 번에는 더 많은 실수를 저지르리라.
긴장을 풀고 몸을 부드럽게 하리라.
지금 사는 것보다 더 우둔하게 살리라.
가능한 모든 일을 심각하게 생각하지 않으리라.
더 많은 기회를 붙잡으리라.
더 자주 여행을 다니고 더 자주 석양을 구경하리라.

산에도 더 자주 가고 강에서 수영도 더 많이 하리라.
아이스크림은 많이 먹되 콩 요리는 덜 먹으리라.
실제적인 고통은 많이 겪겠지만
상상 속의 고통은 가능한 피하리라.
시간 시간을, 하루하루를
의미 있고 분별 있게 살아가는 사람이 되리라.
수많은 순간들을 겪었으나 인생을 다시 시작한다면
그런 순간들을 더 많이 겪으리라.
오랜 세월을 앞에 두고 하루하루를 살아가는 대신
순간만을 맞으며 살아가리라.
나는 지금까지 체온계, 보온물병, 우비, 우산 없이는
어느 곳에도 갈 수 없는 사람이었다.
이제 인생을 다시 시작한다면
짐을 더욱 간편하게 꾸리고 여행에 나서리라.
내가 인생을 다시 시작한다면
초봄부터 늦가을까지 신발을 벗고 맨발로 다니리라.
춤추는 파티장에도 자주 나가리라.
회전목마도 자주 타리라.
데이지 꽃도 많이 꺾으리라.

여섯.
상반되는 감정의 균형을 잡아라

『인간의 굴레』의 작가 서머셋 몸은 '자신의 굴레'를 찾을 수 없음을 이렇게 한탄했다.

스스로를 되돌아보며 내 속에 여러 가지 인격이 혼재돼 있다는 것을 깨닫고 깜짝 놀란 적이 한두 번이 아니었다. 나는 여러 명의 인간으로 구성돼 있고 겉으로 드러난 인간은 또 다른 인간에게 시시각각 자리를 내준다. 어떤 인간이 진짜 나일까? 그 모든 인간일까, 아니면 아무것도 아닐까?

'정신의 특질'을 성격, '육체의 특징'을 체질이라고 할 때 과연 인간에게는 고유의 성격과 체질이 있는 것일까? 사상의학도 사람마다 기본 체질은 있으되 상황에 따라 바뀐다는 점을 인정한다. 심지어 사상 체질 중 어디에 속하는지 명확하지 않은 '경계형' 체질도 많다. 육체의 특징도 이럴진대 정신의 특질을 규정하는 게 가능할까.

전문대 미술 강사 경력을 가진 메이슨이란 미국 여자는 어린 시절 심한 학대를 받아 영국식 발음을 가진 여성들과 두 청년을 포함해 16개의 인격체를 가지게 되었다고 한다. 소위 다중인격장애MPD에 시달리고 있었던 것이다. 인간의 성격은 외부의 자극(분위기라고 해도 좋다)에 따라 얼마든지 다양하게 표출될 수 있다. 다중인격장애는 세상과의 상호작용을 통한 '억압된 기억'에 따라 다양하게 표출된다. 우리의 성격도 세상과의 상호작용에 따른 억압의 산물이라고 볼 수 있을 것이다. 그럴 경우 겉으로 드러난 나는 '참 나'가 아닐 것이다.

당신 앞에 빨간 장미가 있다고 하자. 그 장미는 우리에게 "나는 빨간 장미가 아니다."라고 말한다. 물리학적으로 색이란 흡수되지 못한 빛이 반사되는 것이다. 따라서 빨간 장미에는 빨간색 외의 다른 모든 색이 흡수되어 있을 것이다. 빨간 장미의 진짜 색깔은 빨간색 이외의 흡수된 모든 색이다. 마찬가지로 겉으로 드러난 성격 외의 모든 성격이 진짜 나의 성격일지도 모른다. 우리의 언행도 편의상 시시각각 '마침표'를 찍는 것에 불과하다. 메이슨의 진짜 모습은 겉으로 드러난 인격체라기보다는 숨겨진 15개의 인격체일 수도 있다. 사람에게는 여러 가지 인간형이 복합되어 있다. 성격이란 그중 어떤 부분이 두드러지게 드러난 것이다.

다중 인격은 서머셋 몸이나 메이슨만의 문제는 아닌 것 같다. 정도 차이는 있지만 누구나 '다중인격장애'를 가지고 있다. 다만 보통 사람들은 환자와는 달리 인격과 감정을 사회적으로 조절할 수 있다. 그 능력이 결여될 때 성격 파탄자가 된다.

성격과 체질을 무 자르듯 가르는 것은 인간을 기계적으로 대할 때나 가능하다. 인간의 가장 훌륭한 특질은 변화할 수 있다. 인간의 성격과 체질은 있으되 상황에 따라, 혹은 시간의 추이에 따라 변화할 수 있는 가능성을 늘 열어두어야 한다. 시시각각 감정의 균형을 잡으며 자신을 업그레이드할 수 있도록 늘 긍정적인 태도를 유지해야 한다.

성격은 감정이란 재료로 만들어진다. 상반되는 감정들의 결합 강도에 따라 사람의 성격과 인격이 형성된다. 우리가 할 일은 상반된 감정의 균형을 잡고 공감하는 것이다. 레바논 태생의 미국 시인 칼릴 지브란은 "슬픔과 기쁨 사이에서 균형을 잡으려면 비어 있어라."라고 말한다.

그대는 저울처럼 슬픔과 기쁨 사이에 매달려 있나니.
그대가 비어 있을 때만 멈춰서 균형을 잡으리라.
보석 상인이 금과 은을 달기 위해 그대를 들어 올릴 때,
그대의 기쁨과 그대의 슬픔도 올라가거나 내려갈 수밖에 없을 것이다.

행복과 불행, 슬픔과 기쁨, 희망과 절망, 고통과 편안함, 사랑과 미움, 선과 악 등은 따로 떼서 생각할 수 없는 하나의 개념이다. 기쁨의 반대말은 슬픔이 아니요, 사랑의 반대말은 미움이 아니요, 희망의 반대말은 절망이 아니다. 빛은 어둠이 있기에 밝게 빛날 수 있듯 희망은 절망이 있기 때문에 그만큼 세상을 밝게 한다. 빛과 어둠이 함께 어우러진 것이 인생이다. 우리의 성격은 겉과 안을 모두 가지고 있다. 그것이 비록 어둠 속에 있다 하더라도, 어둠 속에서도 빛을 볼 수 있는 균형 감각을 갖출 일이다. 시소가 한쪽으로만 기울어져 있으면 시소가 아니다.

일곱.
친절과 봉사는 가장 큰 이익을 가져다준다

'테레사 수녀 효과'라는 말이 있다. 하버드대학교 과학자들이 132명의 학생에게 테레사 수녀의 비디오를 50분간 시청하게 했다. 비디오 시청이 끝난 뒤 학생들의 침을 면봉으로 채취했다. 침 안에는 병원균을 퇴치하는 '글로불린 A'로 불리는 면역 체계 구성 성분의 수치가 급격히 올라가 있었고 몇 시간이나 지난 후에도 여전히 수치가 높았다.

학생들은 테레사 수녀의 친절한 행동을 비디오를 통해 시청하기만 했다. 그들은 테레사 수녀의 헌신적인 봉사와 사랑을 비디오를 보는 내내 생각하고 있었을 것이다. 그들의 생각뿐 아니라 몸도 변화하기 시작했다. 테레사 수녀의 헌신적인 행위에 전염된 것이다.

이로써 하버드대학 연구진은 친절한 행위를 보는 것만으로도 통증을 줄이고, 질병을 예방할 수 있다는 놀라운 결론을 내렸다.

반대로 폭력적인 행위를 보는 것 역시 전염성이 있다. 영화나 게임에서 지속적으로 폭력적인 장면에 노출되거나, 가정이나 학교에서 실제로 폭력을 경험한 아이들은 성인이 된 후 폭력을 저지를 확률이 높다는 것은 이미 잘 알려진 사실이다.

친절이든 폭력이든 전염이 된다. 그리고 우리 몸에 내재되고 발현된다. 우리의 유전자는 습관의 결과물이기 때문이다.

전 세계 33개국 20대 초중반의 젊은이 1만 명을 대상으로 설문조사를 실시했다. 모든 문화권에서 예외 없이 배우자 선택의 주요 기준으로 친절이 꼽혔다. 사람들은 일단 첫인상과 외모에 좌우된다. 하지만 대다수 젊은이들은 평생을 함께할 수 있는 배우자는 친절한 사람이어야 한다는 결론을 내렸다. 생존과 공생을 추구하는 인간적 본능이 친절한 사람을 선택하도록 조종한 것인지도 모른다.

친절한 언행을 많이 하거나 긍정적 생각을 하면 쾌감을 고조시키는 옥시토신과 도파민과 같은 신경전달물질이 분비된다. 친절은 신체 활성화를 촉진시켜 면역 체계를 강화함으로써 질병을 막거나 치료하는 역할까지 하는 것이다.

친절은 베푸는 사람과 베풂을 받는 사람 모두 행복감에 젖게 한다. 행복하려면 친절해야 한다. 친절은 생존과 공존을 위해서라도 꼭 실천해야 할 덕목이다. 인류의 유전자는 공생을 위해 진화해 왔지 공멸을 위해 진화해 오지는 않았다.

신은 인간이 친절해야 잘 살 수 있도록 이미 프로그램화 해놓았다. 우리의 유전자는 행복하기를 원하는 이기적인 유전자다. 이기적이 되기 위해 비이기적이 되어야 한다는 것은 아이러니가 아닐 수 없다. 우리는 서로 떨어져서 살 수 없기 때문이다.

달라이 라마 스님은 '용서'라는 책에서 다른 사람을 위해 좋은 일을 하는 것이 나에게 어떤 도움이 되는지를 '상호 의존의 법칙'으로 설명한다.

만물이 서로 의존하고 있음을 깨닫게 되는 순간, 우리는 더 넓은 마음을 갖게 되고, 분노와 미움 같은 파괴적인 감정에 덜 집착하게 된다. 타인에게 좋은 일이 일어나면 나 자신에게도 당장은 아니더라도 결과적으로는 이익이 돌아온다. 그것이 상호 의존의 원리다.

친절보다 더 적극적인 행동이 봉사다. 짐을 진 사람에게 길을 가르쳐주는 것이 친절이라면, 그 짐을 나누어 짊어지는 것은 봉사다.

미국 시인 엘러 휠러 윌콕스는 "세상에는 두 부류의 사람, 즉 짐을 덜어주는 사람과 짐을 지우는 사람만 있다."고 말한다. 우리는 남에게 짐을 지울 때도 있고 짐을 덜어줄 때도 있다. 어려움에 처한 사람의 짐을 덜어줘야 할 때 자신의 역할을 하지 못하면 양심의 가책으로 인해 마음의 짐을 지게 될 것이다.

"수고하고 무거운 짐 진 자들아 다 내게로 오라, 내가 너희를 쉬게 하리라. 나는 마음이 온유하고 겸손하니 나의 멍에를 메고 내게 배우라. 그러면 너희 마음이 쉼을 얻으리니. 이는 내 멍에는 쉽고 내 짐은 가벼움이라." 마태복음 11장 28절의 구절이다.

'수고하고 무거운 짐 진 자'는 육체의 생명을 유지하기 위해 수고해야 하며, 영적으로는 죄와 죽음의 짐을 지고 고달픈 삶을 살아가는 존재를 말한다. 멍에는 짐을 짊어지는 도구다. 짐승들이 멍에 없이 짐을 지면 가죽이 벗겨질 것이다. 인간도 온유와 겸손의 멍에를 메지 않으면 마음의 가죽이 벗겨질 것이다. 온유와 겸손은 분노와 스트레스에서 벗어날 수 있게 해준다.

예수는 모든 인간을 구원과 안식으로 초대하지만 '지혜롭고 슬기 있는 자들'만을 초대하는 것은 아니다. 지혜로운 자들 중에는 어쩌면 고달픈 존재에게 '무거운 짐'을 지우고 있는 자들도 적지 않다. 그들은 지혜와 슬기로 자신들만 구원과 안식을 얻고 있는지 모른다. 지혜롭고 슬기로운 자, 그래서 자신들만 구원과 안식에 머무르는 자, 그들이 오히려 다른 사람에게 '무거운 짐'을 지우는 사람일 것이다.

봉사는 자신의 주변 사람들에게 먼저 할 일이다. "자선은 집에서 시작된다Charity begins at home."는 말이 있다. 다른 사람들을 돕기에 앞서 가족부터 보살피라는 뜻이다. 종교 활동에 빠져 가족과 이웃의 불편을 나 몰라라 하는 것은 종교의 정신에도 위배된다.

직업이란 것은 자신을 위해 하는 일이면서 동시에 남을 위해 하는 일이다. 성공의 비결은 바로 남을 만족시키는 것이다. 나의 직업이나 일이 남에게 도움이 되면, 결국 나에게도 큰 소득을 가져다준다. 비즈니스 역시 친절과 봉사가 바탕이 되지 않으면 안 된다. 친절과 봉사는 훌륭한 비즈니스 정신이기도 하다.

우리 모두는 예수님과 부처님의 또 다른 이름이다. 세상에서 가장 훌륭한 종교는 다름 아닌 친절과 봉사다.

여덟.
걱정에서 벗어나려면 무언가에 빠져라

불안과 고민은 완벽해지려는 욕망에서 비롯된다. 불안과 고민은 꼬리에 꼬리를 물고 이어지는 속성이 있다. 우리는 부질없는 고민을 스스로 만들고 있다. 어수선한 책상, 차의 긁힌 자국, 어중간하게 끝낸 일, 마음에 들지 않는 용모 등 불만족스러운 점에 신경을 곤두세운다. 이런 작은 일들이 우리를 행복으로부터 멀어지게 한다.

잘못된 일이 우리를 괴롭힌다기보다는 우리가 잘못된 일에 매달려 괴로워하고 있지는 않은가? 완벽해지려는 시도를 그만두고 근심거리와 일정한 거리를 두면 그 자리에서 갈등이 멈춘다. 터무니없는 비난을 듣거나 일이 잘못됐더라도 사소한 것에 신경 쓰지 않는다면 우리는 보다 여유 있는 사람이 될 수 있다.

근심과 나는 서로 들러붙어 있다. 내가 아무리 근심에서 벗어나려고 해도 그놈은 더욱 집요하게 나에게 들러붙는다. 일에 대한 걱정이 계속 들러붙어 있는 가운데 갑자기 구조 조정에 관한 걱정이 떠오른다. 레스토랑에서 저녁을 즐기고 있는 동안 돈에 대한 걱정이 생겨 계속 마음 한 구석에 머무르기도 한다. 좀처럼 나를 떠나려 하지 않는 근심으로부터 어떻게 하면 벗어날 수 있을까.

제2차 세계대전이 한창이던 어느 날 누군가가 윈스턴 처칠에게 엄청난 책임감 때문에 걱정스럽지 않느냐고 묻자 이렇게 대답했다. "나는 너무 바쁩니다. 걱정할 시간적 여유가 없습니다."

프랑스의 미생물학자 파스퇴르는 이런 말을 했다. "나는 도서관과 연구실에서 평화를 발견한다." 일에 파묻힌 사람은 자신에 대해 걱정할 여유가 없을 것이다. 실제로 연구실의 과학자들은 신경쇠약에 걸리는 일이 거의 없다고 한다.

무언가 바쁜 일에 매달리는 것이 걱정을 몰아내는 가장 좋은 방법이다. 아무리 똑똑한 사람이라도 한순간에 한 가지 이상의 생각을 하는 것은 불가능하다. 직접 한번 실험을 해보라. 당신이 오늘의 계획을 짜면서 가족과 놀이동산에서 놀던 일을 함께 떠올려보라. 우리의 뇌가 하나밖에 없기 때문에 두 가지를 한꺼번에 떠올리는 것은 불가능하다는 것을 알게 될 것이다.

걱정을 몰아내는 더 좋은 방법이 있다. 몇 시간이고 정처 없이 산책을 하거나 숲 속의 벤치에서 심호흡을 하며 꽃을 응시해보는 것이다. 이것은 일에 빠지는 대신 자연에 빠지는 것이므로 심신의 치유 효과까지 거둘 수 있다.

끊임없이 이어지는 삶에 대한 근심으로 인해 구름 한 점 없는 하늘을 보기 위해 멈춰 설 수 없다면, 한낮에도 별처럼 반짝이는 시냇물을 보기 위해 멈춰 설 수 없다면 산다는 것이 무슨 의미가 있을까. 파란 하늘을, 반짝이는 시냇물을 응시하고 있으면 근심에서 한 발자국 벗어나 마음의 여유를 되찾을 수도 있지 않을까.

근심에 빠져 있을 때는 근심의 정체를 파악할 수 없다. 근심과 일정한 거리를 두게 될 때 근심을 해결할 방법이 떠오르는 법이다. 시간이 약이 될 수도 있겠지만 황금 같은 시간을 근심과 맞바꿀 수는 없지 않은가. 영국 시인 헨리 데이비스는 근심으로 가득 차서 인생의 황금 같은 순간을 지나친다면 그게 무슨 인생이냐고 반문한다.

근심으로 가득 차
멈춰 서서 바라볼 시간이 없다면
그것이 무슨 인생이랴.

나뭇가지 아래 멈춰 서서 양이나 젖소처럼

물그러미 바라볼 시간이 없다면,

숲을 지나다가 다람쥐가 풀밭에

도토리 숨기는 것을 바라볼 시간이 없다면,

한낮에도 밤하늘처럼 별들로 가득 찬

시냇물을 바라볼 시간이 없다면,

아름다운 여인의 눈길에 돌아서서

춤추듯 움직이는 발걸음을 지켜볼 시간이 없다면,

눈에서 시작된 미소가

입가로 번질 때까지 기다릴 시간이 없다면,

근심으로 가득 차

멈춰 서서 바라볼 시간이 없다면

불쌍한 인생 아니랴.

아홉.
소중한 것은 길을 들여라

우리 주변의 수많은 물건들은 편리한 생활 도구이지만 때로는 고민거리가 되기도 한다. 사람이든 물건이든 소유하게 되면 관리를 해주어야 하기 때문이다. 우리가 소유한 것은 우리를 풍요롭게 해주기도 하지만 동시에 우리를 구속하기도 한다. 법정 스님은 수필집 『무소유』에서 소유하지 않음으로써 자유인이 되라고 말한다. 스님은 어떤 스님이 자신의 방으로 보내준 난초를 정성스레 길렀다.

혼자 사는 거처라 살아 있는 생물이라고는 나하고 그 애들뿐이었다. 그 애들을 위해 관련 서적을 구해다 읽었고, 그 애들의 건강을 위해 하이포넥스인가 하는 비료를 구해 오기도 했었다. 여름철이면 서늘한 그늘을 찾아 자리를 옮겨주어야 했고, 겨울에는 그 애들을 위해 실내 온도를 내리곤 했다. 이렇듯 애지중지 가꾼 보람으로 이른 봄이면 은은한 향기와 함께 연둣빛 꽃을 피워 나를 설레게 했고 잎은 초승달처럼 항시 청청했었다. 지난해 여름 장마가 갠 어느 날 봉선사로 운허노사를 뵈러 간 일이 있었다. 한낮이 되자 장마에 갇혔던 햇빛이 눈부시게 쏟아져 내리고 앞 개울물 소리에 어울려 숲 속에서는 매미들이 있는 대로 목청을 돋우었다. 아차! 이때서야 문득 생각이 난 것이다. 난초를 뜰에 내놓은 채 그냥 나온 것이다. 모처럼 보인 찬란한 햇빛이 돌연 원망스러워졌다. 뜨거운 햇볕에 늘어져 있을 난초 잎이 눈에 아른거려 더 지체할 수가 없었다. 허둥지둥 그 길로 돌아왔다. 아니나 다를까. 잎은 축 늘어져 있었다. 안타까워하며 샘물을 길어다 축여주고 했더니 겨우 고개를 들었다. 하지만 어딘지 생생한 기운이 빠져나간 것 같았다.

  나는 이때 온몸으로 그리고 마음속으로 절절히 느끼게 되었다. 집착이 괴로움인 것을. 그렇다. 나는 난초에게 너무 집념한 것이다. 이 집착에서 벗어나야겠다고 결심했다. 난을 가꾸면서는 산철에도 나그네 길을 떠나지 못한 채 꼼짝을 못했다.

법정 스님의 난초 기르기에 관한 글이다. 스님은 난초처럼 말이 없는 친구가 놀러 왔기에 선뜻 그의 품에 분을 안겨주었다고 한다. 그때의 기분을 스님은 '날아갈 듯 홀가분한 해방감'이라고 표현했다. 난을 통해 무소유의 의미를 터득했다고 했다.

아름답고 청초한 난초조차 우리의 자유를 구속한다면 다른 물건들은 말할 것도 없을 것이다. 그런데 한 가지 의문이 든다. 스님은 무소유를 실천했지만 난초를 선물 받은 사람은 또 다른 소유의 길에 접어들게 된다는 것이다.

난초에 대한 스님의 집착은 난초에 대한 애정을 의미한다. 스님은 난초를 애지중지했기 때문에 자신보다 더 난초를 잘 가꿀 수 있는 사람에게 난초를 맡겼을 것이다. 난초를 선물 받은 사람이 난초를 정말 좋아한다면 그는 난초를 기르면서도 자유인이 될 수 있다. 그럴 경우 난초는 소유나 얽매임의 대상이 아니라 즐거움의 대상이다. 난초가 그를 행복하게 해줄 수 있기 때문이다.

스님은 『산에는 꽃이 피네』라는 책에서 "무소유는 아무것도 가지지 않는다는 뜻이 아니라 불필요한 것을 갖지 않는다는 것을 의미한다."라고 말했다. 쉽게 생각하면 무소유란 최소한으로 소유하는 것을 의미할 것이다. 무소유의 개념을 매우 적절하게 표현한 것 같다.

하지만 『무소유』라는 책에서는 무소유의 개념이 달리 표현된다. "우리는 필요에 의해 물건을 갖지만 그 물건 때문에 마음이

쓰이게 된다. 무엇인가를 갖는다는 것은 무엇인가에 얽매인다는 뜻이다. 많이 갖는다는 것은 그만큼 많이 얽매인다는 것이다." 이쯤 되면 무엇이 필요한 것이고 무엇이 불필요한 것인지 선택 기준이 모호해진다. 우리 주변에는 여벌의 옷, 장식품, 읽지도 않는 책, 휴대폰, 사진기 등 생존에 굳이 필요 없는 것들로 넘쳐난다. 물질문명은 어쩌면 불필요한 것으로 여겨지는 것들을 만들어 내는 과정에서 이루어졌는지도 모른다.

만약 2권의 책을 고르라면 『화엄경』과 『어린 왕자』를 고르겠다는 스님은 '길들인다는 것'의 의미를 어린 왕자의 장미에 비유하였다.

길들인다는 뜻을 알아차린 어린 왕자, 너는 네가 그 장미꽃을 위해 보낸 시간 때문에 네 장미꽃이 그토록 소중하게 된 것이라고 했다. 자기를 길들인 것에 대해서는 영원히 자기가 책임을 지게 되는 것이라고 했다.

자신의 별에 두고 온 장미에 대해 걱정하는 어린 왕자에게 여우가 '길들이는 것'에 대해 가르쳐준다.

혼자 있는 나의 꽃은 수천수만의 다른 장미 모두를 합친 것보다 훨씬 더 소중해. 그건 내가 물을 준 꽃이니까. 내가 고깔을 씌워주고 병풍으로 바람을 막아준 꽃이니까. 내가 벌레를 잡아준 것은 그 장미꽃이었으니까. 내 꽃이 불평했거나 자랑했을 때도, 심지어 아무것도 말하지 않았을 때도 귀를 기울였지. 그건 내 장미꽃이니까.

여기서 장미는 난초의 또 다른 이름이다. 난초나 장미는 생존에 꼭 필요한 것은 아니다.

살면서 필요한 것과 불필요한 것을 구분하려면 내가 가지고 있는 것이 관심을 가지고 길들이고 있는 것인지, 그렇지 않은 것인지를 돌아보면 될 일이다.

열.
소유보다는
삶을 선택하라

미국 시인 헨리 데이비드 소로는 한 친구에게 이런 충고를 들었다.

"열심히 일해서 차비를 벌면 피츠버그로 여행을 갈 수 있을 텐데……."

그러자 소로가 이렇게 말했다.

"자네는 차비를 벌기 위해 하루 종일 일해야 하므로 잘해야 내일쯤 그곳에 도착할 거야. 나는 지금 걸어가면 저녁에 피츠버그에 도착할 수 있다네."

소로는 '경제적인 활동'은 거의 하지 않았지만 친구보다 더 경제적인 사고를 하고 있는지 모른다. 사람들은 인생의 황금기에는 돈을 버느라 바빠서, 황혼기에는 기력이 없어서 여행을 못 가는 경우가 많은 것 같다.

소로는 매사추세츠 주 콩코드 지방의 월든 호숫가 숲 속에 들어가 세간이라고는 거의 없는 오두막에서 자급자족 생활을 했다. 소로는 『월든』에서 삶의 단순함을 강조한다.

가장 싼 것에서 즐거움을 느끼는 사람이 가장 부자다. 사소한 일에 우리의 삶이 허비되고 있다. 단순함! 수백 혹은 수천 가지의 일을 두세 가지 정도가 되게 하라. 생활을 편리하게 해준다는 사치품의 대부분은 필수적인 것이 아닐 뿐 아니라 인류 발전에도 장애가 된다.

인간이 생존 자체를 위해 필요한 것은 많지 않을 것이다. 하루에 약 1,000칼로리, 약 1.5리터의 물, 체온을 유지해 줄 덮을 것 정도만 있으면 된다. 약간의 무기질과 비타민, 항생제 등도 필요할 것이다. 이보다 더 많은 것은 사치품일지도 모른다.

사치품은 꼭 필요하지 않으면서 소유하고 있는 물건이다. "자신에게 필요하지 않은 것을 사는 사람은 자신이 필요로 하는 것을 팔 수밖에 없다." 벤저민 프랭클린의 말이다. 꼭 필요한 것 외의 것은 소유하지 않더라도 향유할 수는 있다.

미술관의 멋진 그림은 화가의 것일까, 아니면 구입한 사람의 것일까. 미술관에서 명작에 빠져 있는 사람이 바로 그 그림을 소유한 사람은 아닐까. 진짜 부자는 소유하는 자가 아니라 향유하는 자다. 내 손에 간직한 것은 곧 사라져도 내 마음속에 간직한 것은 결코 사라지지 않는다.

소로는 직접 기른 곡물과 야채, 덫을 이용해서 잡은 짐승으로 끼니를 해결했다. 그는 모든 것을 직접 해결하기 위해 열심히 일해야 했다. 다른 사람의 도움을 받지도 않고 필요한 것을 사지도 않았다. 가족과 함께 지내지도 않았으며 친구도 많지 않았다. 혼자서 생활하면서 일기와 글을 썼다.

우리는 행복하기 위해 태어났다. 큰 집과 값비싼 물건, 호화로운 서비스가 있으면 행복해질 수 있다고 생각한다. 그런 것들은 분명히 사람들을 행복하게 해준다. 그래서 사람들은 많은 것을 소유하기 위해 바쁘게 살면서 당장의 급한 일에 매달린다. 그러면서 정작 자신이 추구하고자 하는 목표를 잃는다. 자신의 미래를 위해 쉬지 않고 일했지만 결국 직장을 잃고 후회하는 직장인이 늘고 있다. 가족을 위해 일해 온 사람들이 정작 가족과는 단란한 시간을 가지지 못하는 경우가 많다.

우리는 허영심을 채우기 위해 꼭 필요하지 않은 사치품을 충동적으로 구입하고 후회하는 경우가 많다. 알게 모르게 우리는 그대가를 치른다. 우리가 치른 비용을 벌기 위해 열심히 일해야 한다. 휴가지에서 멋있는 하루를 보내려는 사람은 한 달 동안 뒤도 돌아보지 못하고 일해야 할지 모른다. 숲 속의 생활은 할 수 없더라도 불필요한 물건을 사기 위해 인생을 허비하는 일은 없어야 하겠다.

열하나.
죽음을 인식할 때
삶이 자유로워진다

개인의 일생은 역사의 거대한 움직임, 우주의 무한함과 대비할 때 진정한 존재의 의미를 지니고 있지 않다는 결론에 도달할 수밖에 없다. 인간은 짧은 삶 동안 자신에게 주어진 몫을 이행한 다음 결국은 죽어서 잊혀진다. 오래 사는 것이 무슨 의미가 있을까? 잘 사는 것의 목표는 무엇일까? 죽어서 잊혀지기 위한 것인가?

천하를 호령했던 왕과 장군들, 문장을 날렸던 문학가들, 깊은 사유로 인생의 진리를 풀었던 철학자들, 세상의 모습을 바꿨던 과학자들, 그들은 지금 모두 어떻게 되었는가. 그들의 발자취는 모두 재나 먼지로 변했다.

에이브러햄 링컨, 히틀러, 셰익스피어, 이순신 등 수많은 사람의 입에 오르내리던 인물들도 결국은 사라졌다. 후세 사람들이 그들을 아무리 추모한들 무덤 속에서는 들리지 않는다. 야인 시대, 무인 시대의 영웅들은 왜 그토록 치열하게 싸웠던 것일까. 그들이 하는 일이 그토록 중요했던 것일까. 그들이 목숨 걸고 싸웠던 중대한 일들은 지금 다 어떻게 되었는가.

사람은 죽은 후 이름을 남기고 호랑이는 죽은 후 가죽을 남긴다고 했다. 그 이름은 얼마나 오래 갈 것이며, 그 가죽은 얼마나 오래 갈 것인가. 무덤도 종말이 있다. 누구든 무덤 사이를 거닌 적이 있을 것이다. 죽은 자들이 나란히 누워 있다. 그들이 살아 있을 때는 지위와 재산이 그들을 갈라놓았을 것이다. 그들은 무덤 속에서 아무 말이 없다. 나와 그들이 크게 다른 게 무엇인가. 남과 다투거나 비난하는 게 무슨 의미가 있을까.

우리 모두는 일종의 사형수다. 다만 집행 일이 정해지지 않은 사형수다. 내일, 모래, 10년 후, 20년 후 언제 죽을지 모른다. 우리가 죽는 시기는 무한한 시간 속에서 아무런 의미도 없을 것이다. 모든 것은 시간에 희생된다.

인생이 이렇게 허무한 것이라면 왜 네덜란드 철학자 스피노자는 "비록 내일 지구의 종말이 온다고 해도 나는 오늘 한 그루의 사과나무를 심겠다."고 말했을까. 지구가 멸망한다는 것은 운명이다. 자연 속의 미미한 존재인 인간은 지구의 멸망이 온다 하더라도 막을 수 없다. 범신론자인 스피노자는 지구의 멸망이나 죽음과 같이 피할 수 없는 것이라면 그것을 받아들이면서 자신의 일을 하겠다는 것이다. 만약 인간의 일생을 하루로 본다면 내일 죽음을 맞더라도 오늘 하루를 진지하게 살아가는 것이 당연한 일이 아니냐는 것이다. 죽음에 대한 올바른 인식이 삶을 진지하게 대할 수 있도록 해주는 것은 아닐까.

지구가 멸망이라도 하면 이 세상은 흔적도 없이 사라지기라도 하는 것일까. 이 지구상의 모든 것이 시간의 제물이 된다 할지라도 이 지구는 어떤 형태로든 남아 있을 것이다. 우리가 죽는다 하더라도 그 영혼의 에너지는 어떤 형태로든 남을 것이다.

세상의 현상 가운데 윤회 아닌 것이 있을까. 육도를 유전하며 받는 생도 윤회요, 사계절의 변화도 윤회요, 밤낮의 변화도 윤회다. 바람과 구름이 엉켜 비가 되고 빗물은 햇볕에 실려 수증기로 변했다가 다시 구름이 되고 비가 된다. 우리가 먹는 채소는 소화작용을 거쳐 배설물이 되고 배설물은 거름이 되어 채소를 키운다. 이 역시 인연법에 따른 윤회다.

윤회는 에너지 불멸의 법칙으로 설명할 수도 있다. 물이 얼음으로 형태를 바꾸더라도 본질은 변하지 않는다. 아무 의미도 없이 사라지는 존재일지라도 그 혼과 에너지까지 사라지는 것은 아닌 것 같다. 에너지는 불멸하되 다만 그 형태만 바뀌는 것 같다.

죽은 자가 쓴 시가 있다. 그는 자신이 죽지 않았다고 주장한다. 제목은 '내 무덤가에 서서 울지 말아요'이다. 이 시의 작자는 바람, 햇살, 가을 비, 새, 별로 윤회한다. 인간도 자연의 일부분이니 이합집산하여 온갖 자연으로 돌아갈 수도 있겠다는 생각이 든다. 이 시는 대개 '지은이 모름Anonymous'으로 되어 있으나 아메리카 인디언 호피족의 기도문으로 소개되기도 한다. 9·11테러 추모 사이트에서 이 시가 자주 인용되어 주목을 끌었다.

내 무덤가에 서서 울지 말아요.
나는 그곳에는 없답니다.
나는 잠자고 있지는 않아요.
나는 온 누리에 나부끼는 천 가닥의 바람.
나는 하얀 눈 위의 금강석 같은 반짝임.
나는 여문 곡식 위의 햇살.
나는 보드라운 가을비.
당신이 고요한 아침에 깨어났을 때
나는 조용히 선회하는 새들의
솟구치는 움직임.

나는 밤에 반짝이는 다정스런 별들.
그러니 내 무덤가에 서서 울지 말아요.
나는 그곳에 없어요.
나는 죽지 않았답니다.

일과 놀이가 하나가 되는 삶

창의성은 지식의 주입에서 오는 것이 아니라 놀이에서 온다.
공부를 놀이로 만들 때 비로소 창의성도 싹튼다.

일이 즐거움이라면 인생은 낙원이다.
일이 의무라면 인생은 지옥이다.
- 막심 고리키

열둘.
작심삼일
일곱 번만 하면
계란도 병아리가 된다

사람은 동물이다. 사람은 움직이는 물건이다. 사람을 움직이게 하는 것은 무엇일까. 마음이다. 마음을 어떻게 먹느냐에 따라 세상이 달라진다. 세상을 모두 내 것으로 만들 수도 있고, 세상을 모두 잃어버릴 수도 있다. 사람의 마음이 세상보다 크기 때문이다. 그러니 사람이 살아가면서 마음을 먹는다는 것이 얼마나 큰일인가. 그것을 중히 여기는 것이 좋을까, 유연하게 생각하는 것이 좋을까.

증자의 아내가 장을 보러 가려고 하는데, 아이가 같이 가자고 떼를 썼다. 증자의 아내는 "집에 있으면 엄마가 시장에 다녀 온 후 돼지를 잡아 요리해 주겠다."고 아이에게 약속했다. 아내가 장을 보고 집에 와보니 증자가 돼지를 잡고 있었다. 아내가 따졌다. "아이를 달래려고 한 말인데 정말로 돼지를 잡으면 어떻게 해요." 그러나 증자는 사소한 약속이라도 지켜야 한다면서 결국 돼지를 잡았다.

서애 유성룡이 도체찰사로 있을 때 역리를 시켜 각 고을에 공문을 보냈다. 그런데 사흘 뒤에 수정 사항이 있어 역리에게 공문을 회수해 오라고 했더니 역리는 발송도 하지 않은 공문을 그대로 가지고 왔다.

유성룡이 "너는 어찌하여 사흘이 지나도록 공문을 발송하지 않았느냐?"고 꾸짖었다.

역리가 대답했다. "'조선공사삼일'이란 말이 있어 사흘 뒤에 고칠 것을 예상하여 보내지 않았습니다."

유성룡은 그 말을 듣고 "가히 세상을 깨우칠 말이다. 어찌 나를 이렇게도 잘 아느냐."라고 탄복하였다.

그 후 유성룡은 일을 추진할 때 매사에 신중을 기했다.

증자는 결정한 것을 반드시 이행했고, 유성룡은 결정한 것을 과감하게 뒤집었다. 누가 옳을까. 증자는 사소한 약속 때문에 큰 것을 버렸고, 유성룡은 고을 백성을 위해 관리들과의 약속을 뒤집었다. 증자의 아내가 약속한 것이 돼지였기에 망정이지, 전 재산이나 다름없는 소라면 어떠했을까.

주변 사람들에게 공표한 것은 뒤집기 어렵지만, 스스로에게 한 약속은 쉽게 뒤집을 수 있다. 그래서 작심삼일作心三日이란 말이 생겼는지도 모른다. 우리 모두가 한 번쯤은 경험해 본 작심삼일, 그 이유는 무엇일까? 변명거리가 수없이 많겠지만 주된 원인 중 하나는 적절치 않은 목표 설정에 있다. 목표 설정일이 너무 길거나 목표가 너무 크면 성공 확률이 낮을 수 있다. 그러나 자신과의 약속을 저버리는 '작심삼일'도 일곱 번만 하면 21일이 된다. 21일이면 계란도 생명으로 부활한다. 어떤 일에 실패를 하더라도, 다시 마음을 고쳐먹고 문제점을 고쳐서 도전하다보면 자신이 원하는 것을 반드시 이뤄낼 수 있다. 상황에 따라 작심삼일을 피할 수 없다 하더라도, 유성룡처럼 신중을 기하는 습관은 반드시 함께 길러야 한다.

  작심이 평생을 간다면 그것보다 좋은 일이 있을까. 마크 트웨인은 담배를 끊는 것보다 더 쉬운 것은 없다고 했다. 그는 천 번이나 담배를 끊었다고 자랑했다. 마크 트웨인은 작심삼일을 천 번이나 한 셈이다.

  실패를 거울로 삼는 작심삼일은 부끄러운 일이 아니다. 심기일전하여 다시 도전하는 마음을 잃어버리는 것이 부끄러운 일이다. 그렇다고 해서 마크 트웨인처럼 천 번이나 도전하는 것은 곤란할 것이다. 유성룡의 신중함이 필요하다.

열셋.
일과 여가를 포트폴리오하라

멕시코의 작은 어촌에서 잠시 머물던 어느 미국인 관광객이 어부가 잡은 크고 싱싱한 물고기를 보고 감탄했다.

"그 물고기를 잡는 데 얼마나 걸렸소?"

"별로 오래 걸리지 않았어요."

"좀 더 시간을 들여 물고기를 잡으면 더 많이 잡을 수 있을 텐데……."

"지금 잡는 고기로도 충분하답니다."

미국인은 안타깝다는 듯이 되물었다.

"그럼 남은 시간에는 무엇을 하지요?"

"늦잠 자고 낚시질을 잠깐 하고 아이들과 놀고 밤에는 친구들과 술 한잔합니다. 기타를 치고 노래도 부릅니다. 아주 바쁘지요……."

미국인이 그의 말을 가로막았다.

"사실 저는 하버드대학의 경영학석사 과정에 있습니다. 당신은 좀 더 많은 시간을 들여 낚시질을 해야 합니다. 그러면 더 많은 수입이 생기고 큰 배도 살 수 있지요. 배를 늘리면 수산 회사도 세울 수 있습니다."

어부가 물었다.

"그렇게 되려면 얼마나 시간이 걸리죠?"

"30년 정도요."

"그 다음에는요?"

"사업이 번창하게 되면 주식을 팔아 갑부가 되는 거지요."

"그 다음에는요?"

"그 다음에는 은퇴해서 바닷가 별장에서 늦잠 자고 아이들과 놀고, 낮잠 자고 친구들과 술 마시고 노래하며 노는 거지요."

멕시코의 어부처럼 인생의 기어를 고단에서 저단으로 낮추는 사람들이 늘고 있다. 신경제가 생활을 편리하게 해주었지만 치열한 경쟁의 구도를 만들어놓기도 했다. 그 반발로 어부와 같은 사고방식을 가진 다운시프트 downshift 족이 늘고 있다. 다운시프트는 자동차를 저속 기어로 변환한다는 뜻이다. 고속으로 주행하던 자동차를 저속 기어로 바꾸듯이 '느림보족'의 목표는 신경제의 경쟁과 속도에서 벗어나 여가를 즐기고 삶의 질을 향상시키자는 것이다.

80년대와 90년대 초 젊은 전문직 종사자인 여피yuppie들은 열심히 일해 성공을 거둠으로써 풍요롭게 생활한다는 가치관을 만들어냈다. 그들은 부를 얻기 위해 만성 피로, 고혈압 등 각종 질병에 시달리게 되었다. 여피들은 소득은 높지만 자신을 위한 시간을 내지 못한다. 도시에 사는 전문직 종사자들은 어쩌다 시간을 내더라도 스케줄에 따라 빡빡하게 보낸다. 호화 아파트와 고급 승용차가 그들에게 진정한 만족을 가져다주는 것은 아니다.

일할 만큼 일하고 나머지는 자신을 위해 사용한다는 어부 이야기는 부유하지 않은 많은 사람들에게 위안을 준다. 어부는 노동에 얽매이지도 않지만 노동을 경시하지도 않는다. 어부는 여가를 최대한 즐기는 동안 새로운 동력을 얻어 더 큰 부자가 될 수도 있다. 창의력은 휴식과 놀이에서 나오는 경우가 많기 때문이다. 창의력은 마음의 여유에서 솟아나는 신의 선물이다.

"열심히 일한 당신, 떠나라."는 광고 카피가 있다. 이 말은 "열심히 일하지 않은 당신, 떠나지 마라."는 의미가 숨어 있다. 잘 노는 사람이 일도 잘한다.

사업에서 성공한 사람치고 골프를 즐기지 않는 사람은 드물다. 골프라는 놀이에서 충전된 에너지가 사업을 위한 에너지로 사용되었기 때문은 아닐까. "하루 동안 자연 속에 몸을 맡기고 나면, 생명이 한 달이나 연장된 것 같다."고 말하는 사람도 있다.

클린턴 행정부의 노동 장관으로 IT 혁명과 신경제를 주도했던 로버트 라이시는 어느 날 갑자기 장관직을 그만두었다. 노동과 여가의 균형이 무너졌다고 생각했기 때문이다. 그는 장관직을 맡고 있을 때 일이 삶의 전부라고 생각했다.

일에 너무 열심히 매달린 나머지 아침에 일어나면 사무실에 나간다는 생각뿐이었고 저녁에는 마지못해 퇴근하곤 했다. 몸은 집에 돌아왔지만 내 마음의 일부는 여전히 일과 함께 있었다.

일중독에 빠진 라이시에게 일 외의 나머지 부분은 말라비틀어진 건포도나 다름없었다.

아내와 두 아들을 볼 기회가 별로 없어서인지 가족의 느낌도 잃어버렸다. 옛 친구들과도 연락이 끊겼다. 심지어 내 자신의 모습도 보이지 않았다. 업무상 필요에 따라 드러내는 나의 모습 외에 다른 모습은 찾아볼 수 없었다.

라이시가 장관직에 있었을 때 집을 나서기 전에 잘 다녀오겠다는 인사말을 하기 위해 막내 방에 들어갔다.

막내는 눈을 반쯤 뜬 상태에서 그날 밤 퇴근하고 돌아오면 자기를 깨워달라고 하는 것이었다. 나는 너무 늦을 것 같아 내가 집에 올 때쯤이면 아마 곤히 잠들어 있을 것이라고 말하면서 다음날 아침에 보는 것이 더 좋겠다고 했다. 하지만 막내는 계속 졸라댔고 나는 그 이유를 물어볼 수밖에 없었다. 막내는 단지 내가 집에 있는지 없는지를 알고 싶었다는 것이다.

그 말을 들은 라이시는 결국 장관직을 그만두어야 되겠다는 결심을 굳혔다. 라이시는 일에 편중된 생활을 했다는 자각이 싹트자, 과도한 일을 자신의 생활에서 도려내기 시작했다.

우리는 라이시의 책 제목처럼 『부유한 노예』인지도 모른다. 우리는 생활수준을 유지하기 위해 힘들게 일하지 않으면 안 된다. 따라잡기 힘들 정도로 발전 속도가 빨라지는 신기술 덕분에 우리는 예전보다 더 잘살게 되었지만 그만큼 더 많은 시간을 일에 매달리고 있다.

　부자는 "벌 수 있을 때 열심히 벌자."는 생각을 하고 가난한 자는 부자를 쫓아가기 위해 안간힘을 쓴다. 어느 쪽도 쉴 수 없다. 부자가 되면 될수록 더 오랜 시간 일을 한다. 일을 하지 않을 때도 일에 대한 생각에서 벗어나지 못한다. 이제는 휴가지에서조차 휴대폰과 인터넷으로 스스로를 옭아맨다. 숨을 고루면서 삶의 속도를 늦추겠다고 생각하는 사람이 늘고 있지만 실제로는 속도를 높이고 있다.

　이런 악순환 구조에서 빠져나올 수 있는 출구는 일과 놀이의 균형뿐이다. 적게 벌면 적게 쓰면 된다. 노동과 여가의 즐거움을 동시에 누릴 수 있는 지혜를 찾아야 한다. 노동과 여가의 균형이 무너질 때 자신도 모르게 인생도 무너진다. 열심히 일함으로써 걱정이 스며들지 못하게 하라. 또한 열심히 놀면서 심신을 부활시켜라. 인생은 일과 놀이의 균형점을 찾는 긴 여정이다.

열넷.
공부와 일을 놀이처럼 즐겨라

놀이는 창의력의 원천이다. 놀 줄 모르는 사람은 시대의 흐름을 역행하는 사람이다. 무언가를 창조해야만 살아남는 지식 기반 사회에서 가장 중요한 수단이 바로 놀이다. 산업 사회는 노동하는 인간의 시대였지만 현대는 놀이하는 인간의 시대다. 일하듯이 놀고 놀듯이 일하는 사람이 세상을 이끌어가는 시대가 이미 왔다. 놀 줄 아는 사람만이 계속 진화해서 이 세상에 살아남을 것이다.

여가는 라틴어로 스콜레scole라고 한다. 스콜레는 스쿨school과 스콜라scholar의 어원이기도 하다. 어원적으로 볼 때 학교는 공부하는 곳이 아니라 노는 곳이다. 학자는 공부하는 사람이 아니라 노는 사람이다.

고대 희랍 세계에서 노는 것은 곧 교양을 쌓는 것을 의미했다.

교양을 쌓는 것은 곧 인생을 즐기는 것을 의미한다. 그리스 학자들은 노예 제도를 통해 시간을 확보했다. 자유로운 시간에 스포츠, 독서, 토론을 즐기며 교양을 쌓았던 것이다. 교양을 쌓는 것은 자기 수양을 하는 것이다. 자기 수양이란 고통스런 것이 아니라 즐거운 놀이였다. 공부는 부유계층이 즐기는 레저였다. 하고 싶은 일은 무엇이든지 할 수 있었던 귀족들이 공부를 가장 사치스러운 레저로 즐겼다는 것은 공부가 가장 재미있는 일이었다는 것을 말해 준다.

요즘의 학교는 대중 교육을 표방하면서 주입식 공부를 위한 지식 공장으로 전락했다. 지식은 인터넷에서 더 많이, 더 자유롭게 접할 수 있다. 지식 공장으로서의 학교는 이미 죽었는지 모른다. 학생들은 똑같은 교과서로 비슷한 시험을 친다. 한국은 노벨상 수상자를 한 명도 배출하지 못했다. 지식 대량 생산 방식의 학교 교육과 무관하지 않다. 지금의 학교 교육으로는 창의성 교육을 기대하기 힘들다. 창의성은 지식의 주입에서 오는 것이 아니라 놀이에서 온다. 공부를 놀이로 만들 때 비로소 창의성도 싹튼다.

창의성 교육이라고 해서 지식을 무시해서는 안 된다. 모든 것은 기초 지식을 토대로 하기 때문이다. 서울대 수석 합격에 이어 사법고시까지 합격한 노동자 출신 장승수 씨는 공부가 제일 쉬웠다고 말했다. 공부를 즐기다보면 자연히 쉬워지는 법이다. 공부와 일을 놀이처럼 해야 하는 이유다.

일이 놀이가 되지 않는 사람에게 창의성과 혁신을 기대할 수 없다. 놀이와 취미는 아이디어와 창의력의 원천일 뿐 아니라 그 자체로 훌륭한 상품이 되기도 한다.

가수나 탤런트는 옛날에는 천시받는 직업이었지만 요즘은 선망의 직종이다. 애니메이션 작가나 프로게이머처럼 일을 놀이처럼 하는 사람들이 부러움의 대상이 되기도 한다. 21세기에는 일과 여가의 경계가 사라지고 있다. 일이 재미있으면 그 일은 이미 일이 아니라 놀이다.

성공하려면 자신에게 맞는 일을 잘 해내는 것이 중요하다. 그러려면 일을 놀이처럼 즐겨야 한다. 우리가 하는 일에서 즐거움을 못 느끼면 그 분야에서 뛰어난 일을 해낼 수 없다. 처음부터 일을 즐기는 사람은 드물다.

행복도 훈련이 필요하다. 브라이언 오서는 스케이터 코치가 아니라 즐거움을 창조하는 행복 코치였다. 김연아는 처음에는 고된 훈련에 매일 눈물을 흘리는 불행한 스케이터였다.

브라이언 오서 코치는 연아가 먼저 행복한 스케이터가 되기를 원했다. "연아가 가진 재능을 스스로 알아차릴 수 있도록 하는 것이 중요했다. 연아가 행복하거나 슬픈 감정들을 표현해 주는 수단으로 피겨스케이팅을 즐길 수 있기를 바랐다."

오서 코치는 변화된 김연아 선수의 모습에 대해 털어놨다. "김연아가 이제는 고된 훈련 기간과 과정을 사랑하게 됐다. 예전에 처음 훈련을 시작했을 때만 해도 훈련을 많이 힘들어 했고 거의 매일 울었다. 이제는 정말 훈련하는 것을 즐기게 된 것 같다."

열다섯.
여행은 재미있는 공부다

"사람이 여행을 하는 것은 도착하기 위해서가 아니라 여행하기 위해서다." 괴테의 말이다. "시간이 있을 때 바보는 방황하고 현명한 사람은 여행을 한다." 17세기 영국 작가 토마스 풀러의 말이다.

이런 관점에서 볼 때, 주로 먹자판과 놀자판으로 이뤄진 한국인의 여행 습관에는 문제가 있다. 돈 쓰고, 에너지와 시간만 낭비하고 돌아온다. 여행의 목적은 어디 다녀왔다고 자랑하기 위한 것이 아니다. 여행에서 감동과 배움이 없었다면 그것은 여행이 아니다. 한국인들은 여행지에서 사진을 찍을 때 반드시 자신의 얼굴이 들어가게 한다. 여행지에 가서도 새로운 것보다는 자신이 위주가 되는 것이다.

서구인들은 신기한 풍경을 보면 꼭 사진을 찍거나 기록을 해둔다. 우리나라에서 생활했던 하멜이 그랬고, 헐버트가 그랬고, 베버 신부가 그랬다. 베버 신부는 일제 강점기에 장편 무성흑백 영화를 제작하기도 했다. 그는 천주교 신부였지만, 한국의 제사와 장례 문화를 한국인보다 더 자세히 기록하고 영상에 담았다. 그는 한국의 풍물에서 천주교의 또 다른 모습을 보고 조선인과 함께 그것을 향유한 것이다. 헐버트는 눈에 보이는 것의 기록을 넘어서서 장대한 내용의 '한국사 2권'을 저술했다. 『헐버트 한국사』는 『한국사 드라마가 되다』라는 제목으로 최근에 출간된 바 있다. 헐버트는 우리도 보지 못한 5천 년 역사를 스토리텔링 형식으로 고스란히 담아냈다. 그들이 새로운 문화에 흠뻑 빠져들지 않았다면 그런 성과물을 만들어낼 수 없었을 것이다. 이방인의 문화는 자신을 비추는 훌륭한 거울 역할을 할 것이다.

  한 번이라도 감동적인 장소를 들른 사람은 인생을 더욱 감동적으로 살 수 있을 것이다. 성공과 행복은 감동을 입력시키고 감동을 생산해낼 때 비로소 나의 것이 된다. 세계는 한 권의 거대한 책이다. 읽고 또 읽어야 할 책이다. "자식에게 만 권의 책을 사주는 것보다 만 리의 여행을 시키는 것이 더 유익하다."는 중국 속담도 있다. 거꾸로 만 리의 여행을 한 권의 책에 담을 수도 있다. 책은 여행의 훌륭한 대안이 될 수 있지만 직접 체험은 또 다른 즐거움이다.

여행은 규칙적인 일의 세계에서 떠나 있는 시간이다. 인간은 자신의 생활 반경에서 벗어나 있을 때 비로소 자유로운 상상의 날개를 마음껏 펼칠 수 있다. 여행을 떠나는 사람만이 자신을 묶고 있는 속박에서 벗어날 수 있다. 여행을 떠나는 사람은 살아 있는 사람이며 변화하는 사람이다. 자기 자신을 만날 수 있는 곳도 골방이 아니라 바로 탁 트인 새로운 세상이다. 자신의 집과 고향은 떠났다가 다시 돌아오라고 있는 곳이다. 반드시 먼 곳으로 떠나는 것만이 여행은 아니다. 우리 주변의 골목길부터 걸어가 보라. 골목길에 어떤 인생들이 담겨 있는지, 무슨 말을 하고 있는지 들어보라.

여행은 새로운 아이디어를 가져다준다. 늘 보는 풍경, 늘 듣는 말로는 아이디어를 끄집어내기 힘들다. 창의력을 발휘하기 위해서라도 여행을 다녀야 한다. 특히 박물관은 꼭 들러야 한다. 아이디어의 노다지가 바로 박물관이다. '백조의 성'이라고 불리는 노이슈반슈타인 성에서 디즈니랜드 성이 나왔고, 뱃머리에 서 있는 사모트라케 섬의 니케상에서 나이키사의 로고와 타이타닉 영화가 나왔다.

여행을 하면 우뇌의 기능이 확대된다. 상상력, 창의력, 표현력을 동시에 기를 수 있는 방법은 여행뿐이다. 제대로 된 여행은 마음을 즐겁게 해줄 뿐 아니라 머리도 좋게 만든다. 여행은 재미있는 공부다. 여행은 성공과 행복을 위한 좋은 습관이다.

열여섯.
'균형형 인간'으로 변신하라

인간형은 활동 시간에 따라 크게 아침형, 야간형으로 분류할 수 있다. 아침형과 야간형 사이에 있는 경계형 인간도 등장했다. 행동 양식에 따라 균형형, 멀티형, 창조형, 정리형, 웰빙형 등으로 나누기도 한다. 복잡한 생활양식을 가진 인간을 정형화할 수는 없겠지만 인간의 습관에 따라 유형을 나눠볼 수는 있을 것이다.

오후 11시경에 잠자리에 들고 오전 5시 경에 일어나는 '아침형 인간'이 우리의 생활 패턴을 강요하더니 '정리형 인간'까지 등장하면서 우리는 깔끔한 사람까지 돼야 한다는 강박증에 시달리게 되었다. 일본은 이런 인간형을 지향하면서 이미 한바탕 후유증을 겪었다. 이제 일본에서는 아침형 인간에 대한 반발로 '대충형 인간'에 대한 그리움이 일고 있다. 대충형 인간은 요리사 오시조노 토시코가 쓴 『대충형 인간의 요리 기술』에서 비롯됐다. 2002년 오시조노는 TV '3분 요리 챔피언 선수권'에서 파격적인 요리법을 선보이며 우승했다. 그의 요리책은 자신의 실전 경험을 소개한 것이다.

그의 '대충 요리법'의 예를 들면, 토마토를 삶아 으깨야 할 경우 바로 냄비에서 토마토를 갈아버린다든지, 새우를 기름에 튀겨야 할 경우 마요네즈와 밀가루에 버무려 오븐 토스터로 구워내는 것 등이다. 스피디한 요리를 했지만 본질은 변한 게 없다는 것이 그의 주장이다. 대충 요리하지 않았다면 그는 튀긴 새우가 필요했을 때 바로 장만하지 못할 수도 있다. 대충 했기 때문에 '적당한' 요리를 만들어낼 수 있었던 것이다. 요는 임기응변이 중요하다는 것이다. 그는 요리 도구를 하나만 사용하고, 순수한 맛을 즐기기 위해 복잡한 과정을 생략하는 등 왕성한 실험 정신을 발휘하면서 요리의 즐거움에 빠진다.

오시조노 토시코의 '대충형 인간의 요리 기술'은 대충 만든 음식이라도 인스턴트보다는 낫다고 생각하는 젊은 일본인들의 인기를 끌었다. 이 책은 '대충형 인간'이라는 신조어를 탄생시켰다. 이에 발맞춰 대충형 인간에 대한 안내서까지 나왔다. 그렇다고 일본에서 대충형 인간이 유행하고 있다고 볼 수는 없다. 대충형이란 말에는 일단 부정적인 의미가 포함돼 있기 때문이다. 꼼꼼형에 대한 과도한 기대가 낳은 일시적 반발로 보아야 할 것이다. 우리나라에서도 슬로 라이프를 추구하는 '느림보형' 인간이 유행하고 있지만 부지런함을 추구하는 인간형이 여전히 대세다.

일본인은 한 가지라도 대충 처리한 일이 있다면 모든 과정은 원점으로 돌아간다. 일본인은 회의를 할 경우 한 사람이라도 동의하지 않으면 의사 결정이 이뤄지지 않는다. 일본인은 무엇을 해도 확실히 처리하는 습관이 몸에 배어 있다. 그들은 자신들의 습관에 따라 모든 일을 진행한다.

대충한다는 것은 겉으로는 소극적으로 보이지만 매우 적극적인 방식이다. 하지 않으면서 하는 것이다. 대충한다는 것은 적당히 한다는 것을 의미한다. 적당히 산다는 것이 결코 부정적인 개념은 아니다. 완벽주의는 갈등과 혼란을 초래할 가능성이 높지만 균형주의(적당주의는 부정적 느낌을 주므로 균형주의라고 하자)는 갈등과 혼란을 조정한다. 대충형 인간은 임기응변을 구사할 줄 아는 창의적인 '균형형 인간'이다. 치밀하고 계획적인 완벽형 인간은 실행 단계에서 주춤거리는 경향이 있지만 임기응변에 강한 대충형 인간은 어려운 상황을 훨씬 더 잘 타개해나간다.

미국의 조직행위학자 칼 웨이크는 꿀벌 한 마리와 파리 한 마리로 위기 극복 능력을 실험했다.

그는 꿀벌 한 마리와 파리 한 마리를 유리병에 넣었다. 그리고 병을 옆으로 누인 후 병의 바닥을 상대적으로 밝은 창 쪽으로 향하게 한 후 뚜껑을 열었다. 어느 쪽이 밖으로 탈출할까? 성실하게 일하는 꿀벌은 계속해서 병 바닥에서 출구를 찾다 곧 힘이 다해서 죽게 되지만 파리는 2분이 채 안 돼 유리병 입으로 빠져나온다. 밀실의 출구는 반드시 밝은 빛이 비치는 곳에 있다고 생각하는 꿀벌은 자신의 논리에 따라 필사적으로 병 바닥에 부딪치다 죽고 말지만 사방으로 날아다니기만 한 파리는 투명한 병에서 빠져 나온다.

본능에 따라 원칙에만 충실한 꿀벌은 위기에서 빠져나오지 못했고, 좌충우돌하며 여기저기 날아다닌 파리는 위기를 모면했다. 경험과 지식이 풍부할수록 유리벽은 오히려 더 큰 장벽이 될 수 있다. 고정관념과 논리에 좌우되지 않고 다양한 실험을 할 때 유리벽은 우리에게 비로소 길을 열어준다. 투명한 세계에 갇혀 있는 우리에게 필요한 것은 임기응변의 지혜이지 전통적인 매뉴얼의 우직함은 아니다. 완벽한 것, 좋은 것만 바라보지 말자. 투명 유리병에 머리를 부딪쳐 죽을 수도 있으니까.

실험정신에 충만한 대충형 인간은 누구보다도 일을 즐긴다. 그 과정에서 번득이는 창조성을 발휘한다. '대충'이란 일을 대충한다는 뜻이 아니다. 최선을 다하지 않는다는 의미가 더 강하다. 우리가 최선을 다하려다보면 아예 시도조차 못할 수도 있다. 일을 하거나 공부를 할 때 완벽을 추구하다보면 제대로 진도를 나갈 수 없다. 경우에 따라서 완벽은 스스로 발목을 잡는 족쇄 역할을 한다.

『초학습법』의 저자 노구치 유키오는 공부를 잘하는 비법을 이렇게 밝혔다. (1) 재미있는 것을 공부한다. (2) 전체부터 이해한다. (3) 80퍼센트만 알면 앞으로 나아간다.

여기서 20퍼센트는 버리는 것이 아니다. 20퍼센트에 매여 전체를 놓치지 말자는 얘기다. 전체를 꿰고 있을 때 비로소 20퍼센트도 전체의 맥락 속에서 나의 것이 된다.

20퍼센트를 지금 당장 완벽하게 처리하는 것은 대체로 80퍼센트까지 처리하는 것보다 더 어렵다. 80퍼센트는 대충 처리하는 것을 의미하지 않는다. 100퍼센트를 위한 준비 단계라고 보아야 한다. 100퍼센트를 달성하기 위해 중도에 포기하는 것보다 80퍼센트까지 나아가는 것이 훨씬 더 바람직하다.

완벽을 추구하는 사람은 일을 하는 도중 작은 것이라도 문제점이 발견되면 그 일을 먼저 해결해야 한다. 작은 일에 매여 큰 일의 진척이 늦어지게 되면 좋은 기회를 놓칠 수도 있다. 완벽을 추구하는 과정에서 참신한 아이디어들이 사장될 수도 있다. 이 얼마나 비효율적인가.

적당주의라는 말은 부정적인 인식을 준다. 그러나 우리에게 정작 필요한 것은 최선이 아니라 적당주의다. 적당주의라는 개념을 새로 정립하자.

적당주의는 일을 제대로 처리하지 않는 것을 말하는 것이 아니라 넘치지도 모자라지도 않게 일을 처리하는 것을 뜻한다. 최선의 결과는 최선을 다할 때 나오는 것이 아니라 몸과 마음이 흔쾌히 따라갈 때 나온다.

대충형 인간은 결과적으로 최선을 만들어내는 '균형형 인간'이다. 대충형 인간은 시간을 허비하는 사람이 아니라 시간을 버는 사람이다. 대충형 인간은 게으른 사람이 아니라 일을 즐기는 사람이다. 어쩌면 대충형 인간이 큰 일을 향해 나아가는 진정한 완벽형 인간은 아닐까. 일을 처리하는 과정에서 작은 일에 매이지 않고 전체를 아우르며 완성도 높은 결과물을 만들어내는 것을 '완벽'이라고 정의한다면 말이다. 작은 일은 전체의 맥락에서 처리할 수 있는데도 시시콜콜 따지다 큰 것을 잃는 좀생이의 우를 범하지는 말아야 할 것이다.

열일곱.
창의력은 조합하는 능력이다

최근 창의적 사고에 대한 필요성이 강조되고 있지만 어떻게 해야 창의력을 기를 수 있는지에 대한 구체적인 방법은 없는 것 같다. 창의력은 사전적으로 '새로운 것을 생각해내는 능력'을 의미한다. 과연 그런가.

사실 창의성은 자신의 마음에 이미 존재하고 있는 것을 새롭게 조합하는 것이다. 기존에 있던 것들을 새롭고 의미 있는 방식으로 결합하려는 상상력 자체가 창의력의 시작이다. 자신이 바라는 것을 상상하고 상상한 것을 시도할 때 우리가 바라는 것을 창조하게 될 것이다.

아인슈타인은 어떻게 창의력을 발휘했을까. 그는 호기심을 키워드로 제시했다. "나는 특별한 재능을 갖고 있지 않다. 오직 열정으로 가득 찬 호기심을 갖고 있을 뿐이다." 낯선 것에 대한 호기심은 자신이 가지고 있는 모든 정보를 활성화시킨다. 정보가 활성화될 때 상상력이 발동하기 시작한다. 그런 상상력의 충돌 속에서 비로소 새로운 짝짓기가 이뤄진다.

창의력을 발휘하기 위해서는 기존 지식을 끊임없이 습득해야 한다. 창의성 교육을 위해 주입식 교육을 버리는 우를 범해서는 안 되는 이유다. 주입식으로 습득한 지식은 창의성을 위한 좋은 재료다. 좋은 곡식을 재배하기 위해서는 좋은 씨앗과 토양이 필요하다. 좋은 생각을 키울 때도 좋은 지식이 밑받침이 돼야 한다.

'새로운 것'을 생각해 낼 수 있는 사람은 이 세상에 아무도 없다. 지식을 기반으로 하는 현대 사회에 새로운 것이란 존재하지 않는다. 새로운 것도 기존의 정보를 해석하고 재구성한 것에 불과하기 때문이다.

정보가 조합되고 가공되어 타당성이 입증되면 지식이 된다. 지식은 실행에 옮겨질 수 있을 때 비로소 그 가치를 발휘한다. 글, 소프트웨어, 음반, 지능형 가전제품, 핸드폰, 디자이너의 의상 등 우리 주변에서 볼 수 있는 하이터치 제품들과 하이테크 제품들은 지식의 상품화를 통해 나온 결과물들이다. 지식이 실행에 옮겨지는 것이 바로 상품화다. 상품화된 지식은 다시 '원료 정보'로 사용되어 또 다른 지식으로 개량되거나 다른 목적으로 사용될 수 있다. 이제 미래의 부는 지식 가공에서 나온다. 창의력은 바로 지식 가공 능력이다.

창의력의 관건은 정보의 구성 능력이다. 창의적인 사람은 정보들이 서로 어떻게 연결되는지 그 맥락을 이해하는 사람이다. 기존의 정보들을 이용하여 새로운 것을 만들어내는 방법으로 '다빈치 기법'이라는 것이 있다. 레오나르도 다빈치는 얼굴을 그릴 때 우선 각 부분을 나누어놓고 때에 따라 다른 형태로 조합했다고 한다. 즉, 머리는 둥근 모양·종 모양·세모꼴·달걀형 등으로, 눈은 찢어진 눈·튀어나온 눈·사팔눈·부은 눈 등으로, 코는 매부리코·들창코·주먹코·낮은 코 등으로, 입은 꽉 다문 입·웃는 입·두툼한 입·처진 입 등으로 나누어서 그려놓았다. 신비한 미소로 유명한 '모나리자'도 적절한 부품들을 조합하는 과정을 거치면서 탄생됐다.

레오나르도 다빈치의 얼굴 조합 방식은 지금의 우리에게도 시사하는 바가 크다. 창의적 작품이나 발명품들 중 '다빈치 기법'이 적용되지 않은 것이 있을까. 세계 최초의 인쇄기라는 구텐베르크의 인쇄기는 와인 짜내는 기계와 동전 찍는 기계를 조합한 것이다. 포스트잇은 접착제를 연구하다 실패한 것을 특수 메모지로 사용한 것이다.

'다빈치 기법'을 적용하는 것은 화투나 카드놀이를 하는 것과 비슷하다. 놀이란 경우의 수를 다양하게 만들어 그 조합의 묘미를 즐기는 것이다. 쓰리고·흔들기·광박·피박·독박·조카·쇼당show-down 상대에게 패를 보여주는 것·광 팔기 등은 단순한 고스톱 규칙에 재미를 못 느낀 사람들이 조합해낸 또 다른 경우의 수라고 할 수 있다.

다빈치 기법을 가장 잘 활용할 수 있는 분야가 바로 글쓰기이다. 극단적으로 말해 이 세상에 새로운 글이나 아이디어는 하나도 없다. 우리가 새로운 글이라고 생각하는 것은 글쓴이가 기존의 글이나 아이디어를 자신의 사고방식에 맞춰 재구성한 것이라고 보면 된다. 글을 잘 쓴다는 것은 구성 능력이 뛰어나다는 것을 의미한다. 성공한 기업인이나 중역들은 대부분 글을 잘 쓰는 사람이라는 조사 결과도 있다. 기획 능력이 뛰어난 사람은 구성 능력이 뛰어나므로 글을 잘 쓸 수밖에 없을 것이다. 글 쓰는 방법을 배우는 것은 창의력을 기르는 방법을 배우는 것과 같다. 생각이 정리됐을 때 비로소 글로 옮길 수 있기 때문이다.

열여덟.
몰입은 성공으로 가는 지름길이다

    우리는 새로운 일에 도전하거나 자신의 능력에 못 미친다고 생각하는 일을 하게 될 경우 자신도 모르게 긴장을 한다. 머릿속은 실패에 대한 두려움으로 가득 차게 된다. 결국 자신이 원하는 것을 이루지 못하거나 기대에 못 미치는 결과를 얻게 된다. 자신을 목표 달성이라는 굴레에 처박아두고 자신을 공회전시키는 것은 집중이 아니라 집착일 뿐이다.

    긴장하거나 화가 날 때 특히 집착하는 경우가 많다. 긴장을 하거나 복잡한 상황에 얽히면 전체를 제대로 보지 못하고 어느 하나에 집착하게 된다. 이럴 경우 문제로부터 한발 떨어져 관조하는 시간이 필요하다. 그 문제와 무관한 일을 하는 가운데 해당 문제에 대한 답이 떠오르게 만드는 것이다. 심리학에서는 이를 '통찰'이라 하여 문제 해결의 과정으로 보고 있다.

문제의 해결 방법은 문제에 집착하는 것이 아니라 그 문제로부터 멀리 떨어져서 편안한 마음으로 바라볼 때 떠오른다. 우리가 어떤 목표를 세우고 그것을 실천하는 것 역시 이와 같은 원리에서 접근해야 한다. 몰입하려면 먼저 자신을 편안히 이완해야 하며 긴장해서는 안된다. 먼저 자신을 비워야 한다.

독일 여류 소설가 비키 바움은 어린 시절 어느 할아버지로부터 마음의 여유를 가지는 방법을 배웠다. 그녀는 어느 날 길을 가다가 넘어져서 손을 삐었다. 그러자 근처에 있던 어느 할아버지가 달려와서 울고 있는 그녀를 달래주면서 이렇게 말했다.

"애야, 네가 넘어진 것은 어깨를 편안하게 하는 방법을 몰랐기 때문이다. 네가 잠들 때 안고 자는 헝겊 인형처럼 어깨를 부드럽게 해 보렴. 자, 이렇게."

서커스의 소품을 담당했던 할아버지는 광대처럼 넘어지며 재빨리 일어나는 재주를 보여주었다. 어깨에 힘을 뺀 뒤 몸을 축 늘어뜨리고 "나는 쉬고 있다. 나는 쉬고 있다."라고 중얼거리면 에너지가 얼굴에서 신체의 중심부로 흘러내리는 것을 느낄 것이다. 그러면 긴장에서 해방되고 점차 원하는 대로 행동할 수 있을 것이다.

『데일 카네기의 자기관리론』 중에서

무엇인가를 받아들이거나 행하기 위해서는 먼저 자신을 비워야 한다. 자신을 비우는 데는 명상이 하나의 방법이 될 수 있지만 일상생활에서 규칙적으로 하기는 힘들 것이다. 그러나 어깨에 힘을 빼는 것은 평소에도 쉽게 할 수 있다. 긴장하면 그만큼 어깨에 힘이 들어가게 된다. 글을 읽을 때도 어깨에 힘이 들어가면 독해력이 떨어진다.

말을 할 때도 발음이 흐트러진다. 글을 쓰거나 그림을 그릴 때도 마음먹은 대로 붓이 가지 않는다. 어깨에 힘을 뺀 상태에서 글을 읽거나 말을 하면 몰라볼 정도로 편안하고 부드럽게 글이 읽히고 말이 나오는 것을 느낄 수 있을 것이다.

마음의 여유와 집중력은 비례한다. 초조한 상태에서는 어떤 일도 제대로 되지 않지만 느긋한 상태에서는 글을 읽는 것도 글을 쓰는 것도 쉽게 된다. 마음의 여유가 있을 때만 세상을 다양한 각도로 바라보는 유연함을 지닐 수 있게 된다.

작곡가, 작가, 화가, 조각가, 과학자, 발명가, 만화가, 심지어 구두수선공에 이르기까지 어떤 한 분야에서 성공한 사람들은 고도의 집중력을 발휘한 사람들이다. 뇌의 집중력을 유도하기 위해서는 뇌파가 알파파 상태가 돼야 한다. 뇌파에는 베타파외적 의식의 상태, 알파파직관의 상태, 세타파몽롱한 상태, 델타파무의식. 깊은 수면의 상태가 있는데 그중 알파파는 심신이 조화를 이룬 뇌의 상태다. 이 알파파가 잠재적인 뇌력의 하나인 집중력을 만들어낸다.

일상생활에서 우리는 알파파 상태를 경험하는 경우가 많다. 아침에 눈을 뜨면 우선 침대에서 두 팔을 벌리고 크게 기지개를 켠다. 이때 정신의 공백 상태를 순간적으로 느낄 수 있을 것이다. 기분 좋은 이 순간이 바로 알파파 상태다. 이때 기분이 상쾌하다고 가볍게 암시를 주면 실제로 기분이 좋아진다.

목욕탕에서도 심신이 느슨해져 알파파 상태에 이를 수 있다. 탕 속에서 편안한 마음 상태에 이르면 알파파 상태가 된다. 프로 기사가 복잡한 기보를 복기해내는 것은 고도의 집중력으로 알파파 상태를 만들기 때문에 가능하다.

알파파 상태는 아무런 외부 제약이 없는 자유로운 마음 상태다. 알파파는 참선, 명상, 요가 호흡, 단전호흡을 하는 수련자들의 뇌파에서 볼 수 있다. 알파파에 이르면 직관력이 솟아나고 이미지가 잘 떠오르며, 기억력, 심신의 균형, 직관력 등 잠재력이 활발하게 활동하는 상태가 된다. 알파파 상태에서는 언어적 사고가 억제되어 우뇌가 개발되는 효과도 있다.

육체적 활동이든 정신적 활동이든 상관없이 평소에 알파파 상태에 이르려면 어깨에 힘을 빼는 습관을 들이는 것이 가장 좋은 방법이다. 골프에 몰입해 있는 사람이든, 독서에 몰입해 있는 사람이든 그들의 어깨는 마치 헝겊인형의 어깨처럼 부드러울 것이다. 만약 독서나 학습의 집중력이 흐트러지고 있다는 것을 느낀다면 당신의 어깨가 뻐근하지 않은지를 먼저 점검하라. 어깨가 경직되는 것을 예방하기 위해서는 바른 자세가 가장 중요하다. 바르게 앉은 자세, 바른 걸음걸이 자세는 디스크 예방과 치료에도 탁월한 효과를 발휘한다. 바른 자세에서 바른 몸은 물론 바른 생각도 나오는 법이다.

세상의 흐름을 읽는 재테크

성공하지 못한 많은 사람들이 바쁘게 살아가고 있다.
그들은 너무 바빠서 하고 싶은 일을 할 시간이 없다.
그래서 그들은 성공과는 더욱 거리가 멀어진다.
성공한 사람들도 바쁘게 살아가고 있다.
그러나 그들은 하고 싶은 일을 하고 있다.

착각하지 말라.
부자가 되려면 돈 이상의 것이 필요하다.
- A.P. 가우데이

열아홉.
부자가 되려면
시대에 맞는
성공 방정식을 만들라

　　　　　　부자가 되는 사람은 따로 있다든지, 부정을 저질러야만 부자가 된다든지, 부자가 삼대는 간다든지 하는 말들은 맞는 말이기도 하지만 틀린 말이기도 하다. 편견은 사람들이 부자가 되는 것을 막는다. 또한 과거의 부자 공식이 지금도 통한다고 생각해서는 안 된다.

　한때 대한민국에는 10억 모으기 열풍이 불면서 저급한 부자 이야기가 만연했다. 그러나 부자가 되는 비법을 실천해 부자가 됐다는 사람의 이야기는 들어본 적이 별로 없다. 한국에는 10억대 이상 부자가 대략 40만 명, 5억대 이상 부자가 100만 명 정도 있다고 한다. 그래 봐야 전체 인구의 5퍼센트에도 못 미친다. 결국 우리나라에는 부자가 별로 많지 않다는 결론을 내릴 수 있다.

　부자가 되는 길은 크게 보면 두 가지다. 회사원으로 고액 연봉자가 되는 것과 사업을 해서 성공하는 것이 그것이다. 부자와 결혼해서 잘살 수도 있고 부모가 부자라서 부유하게 사는 경우도 있을 것이다. 결혼과 출생 등으로 부자가 되는 것은 본인이 노력해서 부자가 되는 경우는 아니므로 우리의 관심 대상이 아니다.

절약은 가장 확실하게 부자가 되는 방법이다. 10억 부자가 한 달에 100만 원씩만 꼬박꼬박 지출해도 30년 후에는 물가상승률을 감안할 때 10억이 바닥난다고 한다. 부자들이 더 악착같이 일하고 절약하는 것도 무리는 아니다. 20세에 3천 원짜리 담배를 피우는 사람이 80세까지 담배를 끊으면 절약한 돈으로 소형 아파트 한 채를 장만할 수 있다고 한다.

정주영 전 현대그룹 명예회장은 겨울에는 양복 안에 내의를 입고 지냈으며 춘추복 한 벌만 입고 다녔다. 그의 등산 바지는 재봉틀로 기운 지게꾼의 바지와 다름없었다. 그는 구두가 닳는 것을 막으려고 굽에 징을 박았다. 계속 굽을 갈아가며 세 켤레의 구두를 30년 넘게 신기도 했다고 한다. 구두 한 켤레를 평균 10년 신은 것이다. 구두 양쪽 엄지 발톱 위치에는 각각 구멍이 날 정도였다. 청운동 자택의 거실 소파는 20년 이상 됐고, TV는 17인치 소형이었다. 절약이 몸에 밴 사람은 부자가 된 뒤에도 여전히 절약한다. 이렇게 습관은 무서운 것이다.

부자가 되는 방법은 절약, 유산 상속, 주식 투자, 부동산 투자 등 여러 가지가 있지만, 가장 확실한 것은 장사다. 부자의 약 60퍼센트 정도가 장사로 성공했다고 한다. 로버트 기요사키는 『부자 아빠, 가난한 아빠』에서 사업하는 사람은 직접 일을 할 필요가 없다고 말한다.

내가 없어도 되는 사업. 주인은 나지만, 사업체는 다른 사람들이 운영하거나 관리한다. 내가 거기서 일해야만 한다면 그것은 사업이 아니다. 그것은 내 직업이 된다. 시간을 갖고 투자를 해서 자기 사업을 구축하면, 이제는 그 요술 방망이를 사용할 수 있게 된다. 이것이 부자들이 갖고 있는 최대의 비밀이다. 부자들을 점점 더 부자로 만드는 비밀이다. 시간을 갖고 부지런히 자기 사업을 한 결과 찾아오는 보상이다.

일반적으로 우리 자신의 운명을 스스로 개척하는 최선의 방책은 자영업을 하는 것이다. 자신의 일을 자신의 책임하에 하기 때문에 상하 관계의 스트레스에서 벗어날 수 있다. 자영업자에게 일을 시키는 사람은 오직 자신뿐이다. 직원이 주인 의식을 가지고 주도적으로 일을 할 수 있도록 하는 회사는 흔치 않다.

10억이니 100억이니 하는 재력만이 반드시 부자의 조건은 아니다. 아무리 부자라 할지라도 새벽같이 일터에 나가 파김치가 되어 귀가하는 생활을 한다면 부자라는 것이 무슨 의미가 있는가. 부자는 '자신이 원하는 일을 지금 할 수 있는 사람'으로, 일반인은 '자신이 원하는 일을 미래에 할 수 있는 사람'으로 정의를 내리기도 한다.

산업화와 민주화를 성공적으로 거친 한국사회는 이제는 지식 기반 사회로 진입했다. 과거의 자수성가형 부자는 앞으로는 나오기 힘들 것이다. 이제는 과거의 아날로그 방식에서 벗어나 디지털 세상에 맞는 성공 방정식을 만들어내지 않으면 안 된다. 앞으로 부자가 되려는 사람은 과거 산업화 시대의 부자학에서 벗어나 지식 기반 사회에 걸맞은 부자학을 연구해야 한다.

지금까지의 부는 시간과 공간을 바탕으로 이루어져 왔다. 스텐 데이비스는 『미래의 지배』라는 책에서 '속도Speed, 접속 Connectivity, 무형자산Invisible Asset'이 부를 창출하는 시대에 들어섰다고 말하고 있다.

'속도'는 급격하게 줄어든 제품의 수명과 소비자의 반응 사이클, 경영자의 순발력 있는 의사 결정 과정이라는 모습으로 나타났다. 옷이 헤져서 못 입는 경우가 별로 없고 가전제품도 고장 나서 버리는 경우도 거의 없다. 책조차도 이사를 갈 때 정리해야 할 품목으로 꼽힌다. 첨단 제품과 문화 상품이 소모품이 되고 있는 것이다. 이런 트렌드를 좇아가려면 경영자들은 의사 결정 과정을 단순화하지 않으면 안 된다.

'접속'은 인터넷을 통해 공간적 거리가 무의미하게 된 것을 말한다. 이제는 비즈니스맨이 상담을 위해 반드시 현장에 가야 할 필요가 없게 됐다. 물론 인적 네트워크를 쌓기 위해 휴먼 터치가 필요한 경우도 있겠지만 현장에 꼭 가야 되는 경우는 관광밖에 없을 것이다.

소프트웨어, 정보, 서비스 등 '무형 자산'은 경제에서 가장 빠르게 성장하는 부문이다. 하드웨어는 소프트웨어와 결합되지 않으면 무용지물이다. 정보는 상품의 원료이자 상품을 연결하는 중개자 역할을 한다. 갈수록 정보 정리의 방법이 필요해질 것이다. 정신과 의사 출신의 와다 히데키는 『정보정리의 기술』에서 "정보의 홍수에서 살아남으려면 정보 정리와 가공의 원리를 알아야 한다. 정보라는 지렛대가 인생의 방향을 180도 바꿀 수도 있다."고 정보의 중요성을 강조했다.

스물.
좋아하는 일을 하면 행복한 부자가 된다

부자의 기준은 무엇일까. 영국의 경제 전문지 『포브스』는 연 수입 10억 원 이상인 사람을 부자라고 말한다. 일반인이 목표로 삼을 수 있는 작은 부자의 기준은 어느 정도일까. 일본의 머니 트레이너 혼다 켄은 자산이 10억 원 이상이고, 연 수입은 3억대인 사람이라고 정의한다. 그 정도면 30, 40대가 자신이 하고 싶은 일을 거리낌 없이 하면서 여생을 보낼 수 있는 수준이라고 말할 수 있다.

부자가 되는 첫 번째 길은 내가 좋아하는 일을 하는 것이다. 더 정확하게 말하면 보람 있다고 생각하는 일을 하는 것이다. 돈벌이가 되는 일을 하더라도, 싫어하는 일을 하거나 다른 사람을 해치는 일을 한다면 보람 있는 삶과는 거리가 멀다.

사람들이 꺼리는 일을 하더라도 보람을 가지고 그 일을 한다면 행복한 삶을 살고 있다고 말할 수 있다. 성당을 짓기 위해 벽돌을 쌓아올리고 있는 사람이 자신이 하는 일을 하찮은 일이라고 생각한다면 그 사람은 불행한 사람이다. 내가 하고 있는 일이 하느님의 영광을 이 땅에 실현하는 일이라고 생각하면 그것처럼 보람 있는 일은 없을 것이다.

인간의 삶에는 두 가지 종류가 있다. 자신이 살고 싶은 삶과 그렇지 않은 삶이 그것이다. 잘하고, 좋아하고, 보람 있는 일이라면 누구나 열정적으로 일할 것이다. 한 사람의 열정은 주변 사람들도 행복하게 만든다. 열정에 전염된 사람은 단골 고객이 될 것이다. 그 사람은 다른 사람에게 열정을 전염시켜 또 다른 고객을 데리고 올 것이다. 부자가 되지 않는 것이 오히려 이상하지 않은가.

자신이 좋아하는 일이라면 게임처럼 일을 즐길 것이다. 그러면 자연히 창의적인 사고를 하여 고객의 입장에서 새로운 아이디어를 낼 것이다. 남들이 그냥 지나치는 것도 가볍게 보지 않을 것이다. 좋아하는 일을 하는 사람은 자신이 생각해낸 사업 아이디어에 대한 확신이 강하기 때문에 결단력도 매우 빠르다. 우리는 실행력이 없어서 자기 사업을 못하는 사람을 주변에서 흔히 볼 수 있다. 아무리 좋은 아이디어를 가지고 있더라도 실행하지 못하면 아무런 의미가 없다.

스물 하나.
상품은 물론 판매자 자신도 디자인하라

　　부자가 되는 법을 간단하게 표현하면 좋은 제품을 많이 만들어 많이 파는 것이다. 미래의 상품은 불가피하게 지식의 실행과 밀접하게 관련되어 있다. 지식의 상품화가 이뤄졌다면 그 다음에는 '아름다움'을 창출해야 한다.

　　사람에 대한 이미지는 첫인상이 70퍼센트를 좌우한다고 한다. 이성을 사귈 때는 일단 외모로 사람을 판단하게 된다. 외모 때문에 데이트조차 할 수 없다면 얼마나 슬픈 일인가. 사람도 상품이자 브랜드다. 상품을 개발하듯 나 자신도 갈고 닦아야 한다. 필요하면 성형수술을 할 수도 있다. 관상이 운명을 좌우한다는 것은 타당성이 있다. 얼굴이 반듯한 사람은 그만큼 대인관계에서 자신감이 우러나기 때문에 스스로 자신의 운명을 개척해 나갈 기회를 더 많이 확보할 수 있다.

링컨은 40대가 되면 자기 얼굴에 책임을 져야 한다고 말했다. 인간의 외모는 내면을 비치는 거울이다. 늘 미소를 짓는 사람의 얼굴은 밝아질 것이고 늘 찡그리는 사람의 얼굴은 어두워질 수밖에 없을 것이다.

외모가 사람의 운명에 영향을 줄 수 있듯이 상품도 외형이 중요하다. 제품이 고객의 선택을 받으려면 만지고 싶도록 자극하는 요소가 있어야 한다. 사람이든 상품이든 유혹하지 못하면 선택받을 수 없다. 따라서 상품의 디자인은 하이터치에 초점을 맞춰야 한다. 상품은 감각적이고 차분한 분위기를 풍겨야 편안하게 사람을 끌어당긴다.

상품을 디자인하듯 사람도 패션을 통해 자신을 디자인해야 한다. 패션 감각은 성공을 위해 기본적으로 갖춰야 할 소양이다. 상품과 판매자는 혼연일체가 되어야 한다.

'민들레 영토'라는 카페 체인을 만든 목사 출신의 지승룡 사장은 목사 생활을 하면서 허전함을 많이 느꼈다고 한다. 그는 일상 속에서 하느님의 가르침을 실천할 수 있는 방안을 찾던 중 카페를 운영해야겠다는 생각을 하게 되었다. 그는 창업 자금을 마련하기 위해 노점에서 떡가래를 팔기로 했다.

강남 압구정동의 한 아파트 촌. 단정히 빗어 넘긴 머리에 양복을 말끔하게 차려 입은 30대 후반의 남자가 좌판을 펼쳤다. "사모님, 방금 나온 가래떡 좀 사시죠!" 주부들은 호기심 어린 눈으로 하나둘 모여들었다. 양복 차림의 말 잘하는 젊은 남자가 떡을 판다는 소문이 입에서 입을 타고 전해졌다. 그는 장사 6개월만에 2천만 원의 사업 밑천을 마련한다.

만약 그가 허름한 잠바를 걸치고 장사를 했다면 결과는 어떠했을까. 또 묵은 가래떡을 좌판에 내놓았다면 주부들의 반응은 어떠했을까. 압구정동 주부들이 관심을 가졌을 리 만무하다. 지승룡 사장은 자신과 상품을 디자인하는 데 성공한 것이다.

지승룡 사장은 중학교 때 측정한 아이큐가 86이라고 고백했다. 물론 그 수치가 제대로 된 것인지는 알 수 없다. 아이큐의 타당성도 현재 도마 위에 올려져 있는 상태다. 그는 연세대학교 신학과를 나와 목사가 됐으니 공부도 제법 한 셈이다. 아이큐가 학교 성적에 미치는 영향, 아이큐가 창의력에 미치는 영향은 사실 미미하다는 것을 지승룡 사장이 입증하고 있는 것이다.

지승룡 사장은 자신을 천재라고 생각한다. 실제로 그는 천재인 것 같다. 공부 천재보다는 감성 천재가 사회에 더 기여한다. 감성은 디자인과 아이디어의 원천이기 때문이다.

스물둘.
자신을
브랜드화하라

평생 직장의 시대는 가고 '프리에이전트'의 시대가 왔다. 프리에이전트는 거대 조직의 울타리에서 벗어나 독립적으로 일하는 사람을 말한다. 프리에이전트는 원래 자유계약 선수를 가리킬 때 쓰는 말이다. 전통적 프리랜서, 계약직 근로자, 임시직 근로자, 개인 사업체 운영자 등 조직에 속하지 않고 독립적으로 일하는 사람의 규모가 점점 늘고 있다. 미국 근로 인구의 4분의 1은 프리에이전트라고 한다.

20세기가 샐러리맨으로 대표되던 조직 인간이 사회의 주체가 된 시대였다면 21세기는 자유롭게 일하고 자유롭게 여가를 즐기는 프리에이전트가 주도하는 시대다. 자의든 타의든 이제 프리에이전트는 대세다. 이제는 '1인 기업'들이 세상을 이끈다. 앞으로는 조직 인간 중에서 부자가 나올 확률보다는 1인 기업에서 부자가 나올 확률이 훨씬 높다. 조직 내에서 부자가 되려면 조직 내에서 '1인 기업'의 위상을 갖춰야 할 것이다.

일반 기업들조차 올라운드 플레이어 역할을 하지 않는다. 조직은 주력 사업 중심으로 구성된다. 팀별로 활동을 하며 실적도 팀별로 나오게 된다. 주력 사업이 아닌 지원 부문은 외주를 주는 게 추세다. 개인도 하나의 주체로서 활동하는 경우가 많다. 경영자든 직장인이든 연공서열에 의한 호봉제보다는 성과에 의한 연봉제를 선호하는 추세다. 연봉제조차 탄력적으로 적용하기까지 한다. 이제는 조직 내에서 활동하는 사람조차 프리에이전트의 프로 감각을 가지지 않으면 도태될 수밖에 없다.

출판사나 신문사를 예로 들어보자. 과거에는 인쇄, 편집, 입력, 기획, 영업, 창고, 배본 등을 출판사에서 모두 담당했다. 출판사를 운영한다고 말하면 인쇄소까지 딸려 있는 것으로 아는 사람들이 아직도 있다. 극단적으로 말해 1인 출판사도 가능하다. 사장이자 직원인 1인 대표는 기획만 맡는다. 인쇄는 인쇄소에, 편집은 기획사에, 영업은 총판 혹은 프리랜서에게, 창고는 창고 대행업자에게, 배본은 배본 대행업자에게 맡기는 식이다. 가장 중요한 출판 기획을 제외한 나머지 부문은 모두 외주를 주는 것이다. 외주를 주게 되면 고정 경비가 절감된다. 핵심 기능을 제외하고 나머지 모든 부분을 아웃소싱하면 모든 직업인이 1인 기업이 될 수 있다.

처음 창업을 하는 사람에게 가장 고통스러운 것은 사업을 궤도에 올리는 것이다. 그 기간 동안 고정 경비가 끊임없이 지출된다. 지출 중에서 인건비와 임대비가 차지하는 비중이 가장 높을 것이다. 상당수 창업주는 자금 사정으로 인해 사업을 궤도에 올리기도 전에 초기에 중도하차한다.

창업 시장에서 십중팔구는 실패한다는 것이 정설이다. 주요인은 자금난 때문이다. 외주 시스템을 활용할 경우 고정 경비 지출의 압박감에서 상당 부분 벗어날 수 있다. 창업할 때 올라운드 플레이어로 나서면 제대로 뛰어보지도 못하고 지쳐서 나가떨어질 가능성이 높다.

프리에이전트는 이제 대세다. 조직 인간이라도 사실 프리에이전트 같은 조직 인간이 많다. 독립 팀원, 계약직, 임시직 등은 프리에이전트의 개념이 적용된 것으로 볼 수 있다. 조직과는 느슨한 끈으로만 연결되어 있는 것이다. 앞으로 정규직 채용은 점점 줄어들 것이다. 이는 노동 운동과는 무관하게 진행되는 거대한 물결이다. 시시각각으로 사업 모델이 변하는 상황에서 정규직을 채용하려는 기업은 많지 않다. 정규직을 채용한 기업이라도 계속 사업 모델을 바꾸고 직원을 변신시키지 않으면 살아남지 못한다. 직원의 입장에서도 자신을 1인 기업화해야 한다.

프리에이전트는 수많은 다른 프리에이전트와 이어져 있다. 프리에이전트끼리 그물망처럼 얽혀 일사불란한 고기잡이가 이뤄진다. 새로운 현대의 조직 '프리에이전트 네트워크'는 새로운 브랜드의 탄생을 예고한다. 예전에는 기업이 브랜드였지만 프리에이전트 시대에는 개인이 브랜드가 된다. 계약직 사원은 과거에는 불안정한 직업이었지만 이제는 자신을 브랜드화해 억대 연봉을 받는 경우도 드물지 않다. 계약직은 간부 사원에게도 많이 적용되고 있다.

우리나라에서 일자리를 갖고 있는 2천만여 명 가운데 3분의 1은 정규직, 3분의 1은 비정규직, 3분의 1은 자영업자다. 이제 3분의 1밖에 되지 않는 정규직도 점점 줄어들 것이다. 『포춘』지의 분석에 따르면 초일류 기업의 수명도 평균 30년밖에 되지 않는다. 반면에 인간의 수명은 하루가 다르게 늘어가고 있다. 직장에 입사해서 40년 동안 주 40~50시간씩 일을 하는 20세기형 노동 모델은 앞으로 수많은 변형 과정을 거칠 것이다.

이제는 정규직도 안심할 수 없다. 불안한 정규직보다 독자적 기술과 능력을 갖고 있는 고소득 비정규직이 훨씬 더 안정적이다. 정규직도 비정규직과 같은 사고방식을 가지지 않으면 살아남기 힘들 것이다.

진정한 정규직은 이제는 없다. 정규직도 조직에서 나오면 힘을 잃는다. 특히 기자, 경찰, 교사 등 정규직에 있을 때 잘나가던 사람들이 사회에 나오면 오히려 전문 사기꾼들의 주요 표적이 된다. 조직에 있을 때는 똑똑했던 사람도 사회에 나오면 바보가 되기 쉽다. 좋은 직장에서 권세를 누리다 준비 없이 사회에 나오게 되면 적응하기가 쉽지 않을 것이다.

최근 경제가 불안정해지면서 안정적 직업인 공무원과 교사의 인기가 높아졌다. 앞으로는 안정적인 직업도 대대적으로 변신의 과정을 거칠 것이다. 작은 정부의 확산, 학교의 역할 축소가 언젠가는 공무원과 교사 사회를 옥죄어 올 것이다. 20세기 초는 나라의 독립을 위해 투쟁했지만 21세기 초에는 개인의 독립을 위해 투쟁해야 한다.

'1인 기업'은 수없이 많다. 우리가 잘 알고 있는 프리에이전트의 예를 들어보자. 괄호 안에는 브랜드화된 프리에이전트를 예로 들었다. 경영 컨설턴트(공병호, 윤은기, 구본형), 강사(손주은), 번역가(이석희), 마술사(이은결), 가수(보아), 만화가(허영만), 통역가(최정화), 사회자(오프라 윈프리), 여행가(한비야), 작가

(공지영), 프로 운동 선수(김연아), 패션 디자이너(앙드레 김), 공연 기획가, 배우, 평론가, 프로 팀 감독, 영화감독, 증권 중개인, 컴퓨터 게임 시나리오 작가, 소프트웨어 프로그래머, 웹 개발가, 관광 가이드, 레크리에이션 강사, 실내 건축 디자이너, 건축 설계사, 자유 기고가, 과외 교사, 네트워크 마케팅 사업, 전문 분야 영업직, 편집 디자이너……. 예를 든다는 게 부질없는 짓 아닌가.

이제 개인은 자신의 분야에서 이름을 알려야 한다. 기자는 자신의 이름을 걸고 기사를 작성한다. 기자는 글로써 자신을 판매해야 한다. 언론인들은 직업의 안정성이 과거에 비해 현저히 떨어졌다. 자신을 판매하는 데 성공한 언론인은 큰 성공을 거둘 가능성이 높지만 그렇지 않은 대다수 언론인은 자신의 위치에서 물러나는 때가 황야로 내몰리는 순간이 될 수 있다.

영화 제작자의 이름이 영화 시작할 때 소개되듯이 컴퓨터 소프트웨어 분야에서도 제작자 이름이 프로그램이 시작하는 부분에 소개된다. 정치인들은 자신의 정당 이미지 구축보다는 개인 이미지 구축에 더 관심을 쏟고 있다. 노무현과 이명박은 자신의 독자적인 이미지를 구축했기 때문에 대통령의 자리에 오를 수 있었다. 정치인들은 입법화 과정에서 자신의 업적을 부각시키고 자신의 이미지를 높일 수 있는 뉴스를 만드는 데 주력해야 한다. 끊임없는 대중적인 봉사 없이는 아무리 능력이 있는 정치가라 하더라도 두각을 드러내기 어렵다.

정치 자체는 전문직이 아니다. 오히려 진짜 전문직에 있는 사람들이 자신의 브랜드를 무기 삼아 정치에 뛰어들기도 한다. 자신의 이름을 널리 알린 기업인, 학자, 연예인은 자신의 이름과 전문성을 무기로 쉽게 정치판에 뛰어들 수 있다.

지금은 연예인뿐 아니라 모든 사람이 관객의 주목을 끌기 위해 노력해야 하는 시대다. 1인 기업은 자신을 브랜드화해야만 성공할 수 있다. 지금까지 개인의 브랜드화 전략은 정치인과 연예인들이 주로 활용해 왔지만 이제는 모든 직업인이 성공 전략으로 삼아야 한다.

아이디어 중심의 경제 구조에서 생산의 도구가 널리 보급되었다. 컴퓨터, 팩스 등 사무기기의 가격이 떨어졌고 집에서도 쉽게 보관할 수 있게 되었다. 한 사람이 능히 모든 도구를 조작하는 것이 가능하다. 생산 도구의 휴대도 손쉬워졌다. 무선 휴대 장비는 프리에이전트를 '움직이는 사무실'로 만들었다. 세계적 경영학자 피터 드러커는 "개인이 생산 수단을 소유하고 있을 뿐 아니라 휴대할 수도 있다. 이것이 바로 현대 근로자의 특징이다."고 주장했다.

　미국의 경영 컨설턴트 톰 피터스는 "2000년대를 기준으로 제조업체를 포함해 미국인의 90퍼센트가 화이트칼라에 속하지만 앞으로 10년에서 15년 사이에 화이트칼라 직업의 90퍼센트는 사라지게 될 것"이라고 예언했다. 설비 자동화로 인해 블루칼라가 공장을 떠나고 있는 것처럼 사무기기의 디지털화로 인해 화이트칼라도 사무실을 떠나고 있다. 산업사회의 규칙은 연공서열이었다. 그러나 지식 사회에서 직장인은 스스로 자신을 브랜드화하지 않으면 나이가 들수록 가치가 떨어질 것이다. 이제는 직장인이든 자영업자든 미래에 대비하려면 스스로 '1인 기업'의 전문성을 획득해야 한다.

스물셋.
넘보지 못하는
전문성과
창의성을 갖춰라

우리는 다운사이징, 다운시프트 등 느리게 사는 것을 갈구하면서 실제로는 당장 매달 청구되는 관리비와 세금 공포에 시달리며 밥벌이에 매달린다. 노동은 신성하지 않다. 그러나 우리는 가정과 노후 대비라는 올가미에 걸려 있다. 세상 사람들이 만들어놓은 노동의 이데올로기에 사로잡혀 있는 사람들은 자신의 길을 제대로 나아가지 못한다. 그 올가미는 우리를 한순간도 놓아주지 않을 것이다. 우리가 아무리 먹고살만 하더라도 10억 벌기 신드롬에 대해 말하며 다시 노동의 현장으로 발길을 돌릴 것이다. 우리는 현재 위치에서 조금이라도 내려가면 마치 추락이라도 할 듯 불안해 한다.

과거 산업 사회에는 열심히 일하는 사람은 자수성가할 수 있었지만, 이제는 빈부의 고착화와 산업의 첨단화로 인해 자수성가를 한다는 것은 점점 어려워졌다. 그 결과 사람들은 위험한 사업을 하기보다 취직을 해 안정된 생활을 누리려고 한다.

회사 인간들은 조직에 적응하며 출세를 향해 나아간다. 조직 인간들은 해가 떠서 질 때까지, 아니 해가 진 후에도 일거리를 집에 들고 와 열심히 일을 한다. 전력을 다해 출세의 사다리를 오르고 또 올라 점차 잘살게 됐다.

그러나 열심히 일한 당신, 과연 행복한가? 어떤 사람은 구조 조정으로 직장을 잃은 동료의 몫까지 해내고 있다. 조직 인간들은 단지 퇴출당한 동료처럼 되지 않기 위해 점점 더 열심히 뛰어야 한다. 출세는 고사하고 월급이나 제대로 받을 수 있다면 다행이라고 생각하는 사람도 있다.

휴일도 마다하고 회사에서 열심히 일하는 사람도 결국 구조 조정의 칼날에서 벗어나지 못한다. 그런 사람은 회사 일을 열심히 하느라 전직이나 독립 계획을 못 세웠기 때문에 회사 밖의 세상은 그야말로 오갈 데 없는 정글이나 사막이 되고 만다. 직장에서는 전문성과 창의성을 가진 사람만이 건재한다. 열심히 일하는 것만으로는 급변하는 세상의 다양한 요구에 능동적으로 대처할 수 없다.

미국의 극작가 아서 밀러의 대표작 『세일즈맨의 죽음』은 지금의 우리를 비추는 거울 같다. 세일즈맨 윌리 로만은 평생을 바쳐 회사를 위해 일했으나 결국 그에게 주어진 것은 해고였다. 그는 장남에게 보험금을 남겨주기 위해 자동차 사고를 위장한 자살을 택한다.

퇴직이 인생의 끝은 아니다. 더 좋은 직장을 찾는 전화위복의 기회로 삼을 수도 있다. 그러나 냉혹한 세상은 우리가 마음먹은 대로 움직여주지는 않는다. 미국의 직장인은 취직하자마자 전직 계획을 세운다. 고용의 유동성이 확보된 미국에서는 전직이 오히려 경력을 쌓는 과정이 되겠지만 나가면 갈 곳이 없는 우리나라에서 퇴직은 심각한 삶의 도전이다.

퇴직을 뜻하는 리타이어먼트retirement는 어원적으로 '다시 끈다'(re + tirer)를 의미한다. '다시 끌려 나가다'로 해석할 수도 있겠지만 '다시 일거리를 끌어오다'로 해석할 수는 없을까. 졸업commencement이 새로운 시작을 의미하듯 퇴직은 새로운 일자리를 의미할 수도 있다.

삼성그룹 이건희 회장은 "한 명의 천재가 10만 명을 먹여 살린다."고 말했다. 이때 천재란 공부 100점짜리 우등생이 아니라 창의력이 뛰어난 사람일 것이다. 천재가 10만 명을 먹여 살릴 정도로 부가가치를 창출할 수 있을지는 모르지만 천재 한 명이 10만

명의 일자리를 없애고 있는지도 모른다. 우리나라에서 대기업을 다 합해도 100만 명을 고용하지 못한다. 자동화의 여파로 고용 인원은 점차 줄고 있다.

기업들은 근로자들을 조직의 부품처럼 사용한다. 사람이 기계보다 효용성이 떨어지면 기계를 사들이고 사람을 내보낸다. 신체적으로, 지적으로 고갈된 직원은 사회적 역량이 떨어져 직장 밖은 낭떠러지가 된다. 우리나라는 고용의 유연성이 떨어져 직장에서 나오면 갈 곳이 없다.

당신은 또 다른 윌리 로만이다. 당신이 조직의 부품으로서 아무 생각 없이 일하는 동안 당신의 퇴로는 점차 좁아지고 있을 것이다. 떠오르는 샛별이든, 묵묵히 일만 하는 성실한 사람이든, 눈치나 보는 아첨꾼이든 언제 직장과 결별할지 모르는 일이다.

자동화와 시대의 변화에 밀려나지 않으려면 자신의 분야에서 스스로 선도해 나가는 전문성을 확보해야 할 것이다. 회사는 당신의 사업을 위한 좋은 훈련소다. 일단 남을 위해 일할 때는 급변하는 환경에 능동적으로 대비하며 최선을 다하라. 조직의 부품으로서가 아니라 나만의 전문성을 길러가며 능동적으로 일하는 것이 바로 최선의 자기 계발이다. 주어진 일에 끌려만 가서는 조직 내에서 인정을 받지 못할 뿐만 아니라 퇴출 1순위에 오를 가능성이 높아진다. 급여만 높아가는 당신을 대체할 인력은 얼마든지 있다.

　어린 시절 부잣집 일손을 도우러 나가는 이명박 대통령을 향해 그의 어머니는 "가거든 성심을 다해 열심히 일해라. 그리고 절대 물 한 모금이라도 얻어먹어서는 안 된다."고 신신당부했다. 남을 위해 일할 때는 철저해야 한다는 이명박 대통령의 소신은 이때부터 싹텄다. 그는 자신을 위해 일하면서 여유를 부리는 것은 허물이 될 수 없지만 남을 위해 일하면서 게으름을 피우는 것은 허물이 된다고 생각했다. 그런 생각이 '20대 이사, 30대 대표, 40대 회장'이라는 샐러리맨 신화를 만들어내지는 않았을까.

　회사에서는 열심히 일하라. 다만 열심히 사장되는 연습을 하라. 창의성과 성실을 인생의 즐거운 도구로 활용하라. 그러면 조직 내에서 사장이 되지 못하고 불가피하게 조직 바깥으로 나오게 되더라도 당신은 얼마든지 출구 전략을 세울 수 있는 능력을 갖추고 있을 것이다. 당신은 당신 인생의 CEO이지 않은가.

스물넷.
자신이 잘하는 분야에서
유망 분야를 만들어내라

성공하지 못한 많은 사람들이 바쁘게 살아가고 있다. 그들은 너무 바빠서 하고 싶은 일을 할 시간이 없다. 그래서 그들은 성공과는 더욱 거리가 멀어진다. 성공한 사람들도 바쁘게 살아가고 있다. 그러나 그들은 하고 싶은 일과 보람 있다고 생각하는 일을 하고 있다.

어떤 직업이, 어떤 업종이 가장 유망할까. 입시철이 되면 학생들은 현재의 유망 학과에 몰린다. 그러나 졸업할 때는 상황이 달라지는 경우도 있다. 때로는 부자 열풍에 따라 자신의 진로를 설정하기도 한다. 우리는 자신이 원해서라기보다 다른 사람들이 만들어놓은 현재의 잣대에 따라 진로를 선택하는 경향이 강하다. 현재의 잣대는 현재의 유망 직종인 경우가 많다. 그러나 세상은 시시각각 변화한다. 유망 직종도 트렌드의 변화에 따라 시시각각 변한다.

　사양 산업에서도 부가가치를 높인 특화 상품을 만들어낼 여지는 얼마든지 있다. 어느 분야든 시장의 수요가 존재하고 특별한 취향을 지닌 사람이 존재하게 마련이다. 기존의 잣대에 휘둘리기보다는 자신의 강점을 토대로 진로를 선택하면 훨씬 성공할 가능성이 높아진다.

　어떤 분야든 개척할 여지는 얼마든지 있다. 이제는 어느 한 분야만 고집할 수도 없는 시대다. 여러 분야가 퓨전화되기도 하고 새로운 아이디어의 결합으로 새로운 트렌드가 형성되기도 한다. 어느 분야를 선택하든 자신이 잘할 수 있는 분야를 선택해 몰입하는 것이 중요하다. 자신이 가장 잘할 수 있는 분야가 자신에게는 가장 유망한 분야일 것이다.

　세상 사람들이 유망 직종이라고 평가하는 것만 따라가서는 진정으로 그 일에 몰입할 수 없다. 유망 산업은 어쩌면 존재하지 않는지 모른다. 직업과 직종이란 것은 시대의 흐름에 따라 형성되기 때문이다. 진짜 유망 산업은 자신의 강점과 창의력을 발휘할 수 있는 분야다. 현재 유망하다고 인정되는 직업은 산업 사이클의 순환에 따라 10년 이내에 사양길을 걸을 가능성이 높다.

　현재의 유망 산업은 과거에 결코 유망하지 않았거나 아예 존재하지도 않은 분야인지도 모른다. 전망 없는 직종이라고 쳐다보지도 않던 시절, 누군가가 위험을 부담하고 뛰어들어서 새로운 영역을 구축해 유망 직종으로 끌어올렸을 것이다. 유망 직종이 된 분야에 뛰어들 때는 이미 늦었는지도 모른다.

  미래의 유망 산업은 생소한 분야에서 나올 가능성이 크다. 중요한 점은 자신이 잘하는 분야에서 창의력을 발휘해 스스로 유망 분야를 만들어내는 것이다.

내 뜻대로 되는 사랑의 기술

연애는 인생에 있어 가장 중요한 기술 중의 하나다.
평생의 반려자를 만나기 위한 기술이라 해도 좋고 인생을 즐기기 위한
기술이라 해도 좋다. 사람들은 연애에 목숨을 걸기까지 하면서
그 기술을 배우고 익히는 데는 소홀하다. 이제 인생에서 가장 아름다운
기술인 '사랑하는 방법'에 관심을 기울여보자.

사랑이 없는 삶, 사랑하는 사람이 곁에 없는 생활,
그것은 하찮은 조명이 비추는 쇼에 지나지 않는다.
- 괴테

스물다섯.
연애에 성공하기 위한 십계명

　　　　　　　　　이 세상에서 가장 재미있는 것은 무엇일까. 연애가 아닐까. 연애는 일종의 게임이다. 실전 게임이다. 밀고 당기는 게임이다. 때로는 숨기고 때로는 드러내면서 상대를 공략한다. 사랑 때문에 밀고 당기는 심리전처럼 복잡하고 슬프고 기쁜 것은 이 세상에는 없다. 인간의 본성은 끊임없이 의심하는 것이다. 순수한 사랑일수록 의심의 강도는 강해진다. 첫 순간부터 서로 빠지는 사랑은 신뢰하기 힘들다.

　연애는 인생에 있어 가장 중요한 기술 중 하나다. 평생의 반려자를 만나기 위한 기술이라 해도 좋고 인생을 즐기기 위한 기술이라 해도 좋다. 사람들은 연애에 목숨을 걸기까지 하면서 그 기술을 배우고 익히는 데는 소홀하다. 바로 이것이 학교 교육의 맹점 가운데 하나다. 인생에서 가장 중요한 기술은 학교에서 가르쳐주지 않는다. 사람들은 연애에 대해 학교에서 배우지 않았기 때문에 어떻게 해야 하는지를 모른다. 학원 공부, 주입식 학습에 익숙한 학생들은 스스로 생각하는 힘을 잃었는지도 모른다.

연애를 잘하는 사람은 전쟁도, 장사도 잘한다. 전략적 사고가 되어 있기 때문이다. 인생에서 가장 아름다운 기술인 '사랑하는 방법'에 관심을 기울여보자. 알면서도 실천을 못하고 있다면 다시 한번 정신 무장을 해둘 필요가 있다. 연애는 개성을 보여주는 것이 아니라 최상의 매너를 보여주는 것이다. 인생을 알기 위해 연애를 해보자.

1. 짝사랑은 사랑이 아니다

한국인 20, 30대의 80퍼센트가 짝사랑을 경험했다고 한다. 짝사랑의 상대에게 고백도 못하고 가슴앓이를 해본 사람이 그들 중에서 70퍼센트나 된다고 한다. 영국 시인 드라이든은 "용감한 자만이 미인을 얻을 수 있다."고 했다. 사랑은 일방통행이 아니라 쌍방통행이다. 사랑은 서로의 감정을 공유함으로써 이루어진다. 가슴에 애달픈 구멍 하나 뻥 뚫린 채 평생을 살아갈 수는 없지 않은가. 바보 같은 추억을 남길지언정 돌이키지 못할 후회는 남기지 말자.

같이하고 싶은 상대를 찾았으면 그 상대를 철저히 연구해야 한다. 먼저 상대의 취미와 습관을 파악해 공허감을 채워주고 색다른 즐거움을 느끼게 해줄 수 있도록 해야 한다. 아무런 준비 없이 전투에 임하는 것은 자살 행위다.

2. 상대방의 외로움과 불안을 이용하라

완전한 사람은 유혹하기 힘들다. 행복한 사람이나 만족한 사람의 마음은 사로잡기가 쉽지 않다. 행복과 만족을 넘어서는 자극이 있어야 하기 때문이다. 대다수 사람들은 무료한 삶을 살아간다. 어린 시절의 꿈은 저만치 있다고 느낀다. 환상적인 삶은 자기와는 상관없는 다른 세계의 것이라고 여긴다. 대다수 사람들은 자신의 부족한 점과 불만족스러운 점을 인식하고는 있지만 해결책을 가지고 있지는 않다.

바로 이 점을 파고들어야 한다. 상대의 공허한 부분과 허점을 포착해내야 한다. 그런 다음 상대의 공허함을 채워야 한다. 인간은 무엇인가 부족하다고 느낄 때 사랑의 감정에 빠지게 마련이다. 유능한 장수는 적의 허점을 파악해 그 부분을 집중 공략하면 전체가 무너진다는 것을 알고 있다.

3. 우회적으로 접근해 상대의 긴장을 풀어라

직접적인 접근은 직접적인 저항에 직면한다. 사랑은 일종의 전쟁이다. 아무런 전략 없이 전쟁에 임하는 장수는 아무도 없다. 너무 직접적으로 나올 경우 상대는 속셈을 간파하고 방어적으로 나오게 돼 있다. 상대에게 자신을 노출시킨다면 실패가 예견된 것이나 다름없다. 여자든 남자든 잡히지 않는 상대를 좋아한다. 지나치게 안달하는 사람에게는 일단 저항감을 느낀다. 우선 상대의 주변에 자주 모습을 드러내라. 제3자를 통해 자연스럽게 접근하거나 우연히 마주치는 것을 가장하는 것이 좋다. 상대에게 다가갈 때는 우정으로 교묘하게 위장해야 한다. 상대와의 심리적 거리를 좁히기 위해서다.

유혹은 상대방이 나에게 다가오도록 하는 것을 의미한다. 그러려면 나와 그의 심리적 거리를 좁혀야 한다. 유혹하려는 대상과 자신이 동일화되는 과정을 거쳐야 한다. 상대와 함께 있으면 더할 나위 없이 다정다감해져야 한다. 이 단계에서 조금이라도 자신의 사랑을 내비친다면 상대는 도망칠지도 모른다. 아니면 지배자로 돌변할 수도 있다. 사랑한다는 말은 상대가 당신의 품안에 안겼을 때 해도 늦지 않다.

4. 연애하는 장소는 작품의 배경과도 같다

약속 장소에 나온 남자가 마치 상대를 배려하기 위해 의견을 묻기라도 하듯 질문한다. "오늘 우리 뭐 할까?", "우리 어디로 갈까?" 이런 질문은 여자를 위한 배려라기보다 데이트 계획 세우는 것을 상대에게 떠넘기는 것이나 다름없다. 여자는 남자를 무성의하다고 생각할 것이다.

"내가 알고 있는 맛있는 집이 있어. 맛은 물론 분위기가 그만이야.", "여기서 조금만 가면 일몰을 볼 수 있는 멋진 레스토랑이 있어. 지금 가면 될 거야." 여기까지는 '우' 정도 줄 수 있다. '수'를 받으려면 계획만으로는 부족하다. 연출이 필요하다. 필요하면 비밀리에 사전 답사도 해야 한다. 대화의 시뮬레이션을 준비할 필요도 있다.

전장의 지형지물을 잘 알고 있는 장수는 적에게 결코 패하지 않는다. 이순신 장군이 23전 23승을 한 이유는 치밀한 준비와 타이밍 때문이기도 하겠지만 해류와 지형지물을 적절히 이용했기 때문이라는 것을 간과해서는 안 된다. 만약 강화도 옆에 있는 석모도로 드라이브를 간다면 비둘기 모이를 사는 것 정도는 미리 알아둬야 한다. 사전 답사를 할 수 없다면 경험자의 조언이라도 들어야 한다. 강화도에서 석모도로 가는 배에는 자가용을 싣는 공간이 마련돼 있다. 배는 석모도로 향하고 갈매기가 배 주위를 맴돈다. 어느덧 갈매기는 먹이를 먹기 위해 그녀의 손에 날아들 것이다. 이런 좋은 추억을 놓칠 수는 없지 않은가.

5. 상대를 헷갈리게 하라

충격적인 방법으로 상대의 관심을 끄는 것은 효과가 있다. 그러나 애매한 태도가 충격적인 방법보다 더 큰 효과를 발휘한다. 이중전략을 구사하는 것이 그것이다. 그래야 상대방은 나의 진의를 쉽사리 알아차리지 못한다. 거칠면서도 부드럽게, 고상하면서도 세속적으로, 순진하면서도 영악하게 행동해야 한다.

사람들은 각자의 성을 쌓고 있기 때문에 다른 사람의 말을 들으려고 하지 않는다. 그들을 귀 기울이게 하려면 유혹하는 언어를 구사해야 한다. 환상을 불러일으킬 수 있는 말, 달콤한 말, 약속의 말 등을 해주면 사람들은 귀를 기울일 것이다.

유혹하는 말은 애매모호해야 하고 상상력을 불러일으키는 것이어야 한다. 상대는 진면목을 알 수 없어 계속 문제를 풀고 있는 상태에 놓이게 된다. 상대가 너무 빨리 해답을 알게 되면 '나의 매력'은 급격히 감소할 것이다. 사람들은 확실히 노출된 사람보다 궁금증을 불러일으키는 사람에게 더 관심을 보내게 돼 있다.

인생을 때로는 추리소설처럼 연출해야 한다. 상대에게 자신의 의도가 읽히는 순간 그녀에게 걸어둔 주문은 스르르 풀리고 만다. 그 순간부터 주도권은 상대방의 손에 넘어가게 된다. 안개 속에서는 모든 것이 모호하게 보인다. 존재하지 않는 것들이 존재하는 것처럼 보인다. 이처럼 유혹은 상대를 안개 속으로 끌어들여 어디가 어딘지 분간할 수 없게 하는 행위다. 사람들은 미스터리를 좋아한다는 것을 명심해야 한다.

6. 직접적인 칭찬보다는 우회적인 칭찬을 택하라

"넌 정말 예뻐. 넌 정말 멋지고 착한 남자야. 너는 어쩌면 그렇게 머리가 좋니." 연애를 해본 사람이라면 누구나 상대에 대한 칭찬에 열을 올릴 것이다. 상대에게 호감을 사기 위해서다. 한번 돌이켜보자. 일반적인 칭찬의 테크닉에도 해당되겠지만, 직접적인 칭찬의 남발은 오히려 헤픈 느낌을 준다. 어딘지 모르게 진실성이 결여돼 있다는 인식을 심어줄 가능성이 높다. 소위 '립 서비스'로 생각할 수도 있다는 것이다. 무분별한 칭찬보다 상대방에게 관심을 가져주는 것이 더욱 효과적이다. 관심과 칭찬이 어우러진 말이야말로 상대의 공감을 불러일으킨다.

그녀가 보라색 옷을 입고 있다면 보라색을 칭찬하고 그녀가 비단옷을 입고 있으면 어느 누구보다도 비단옷이 잘 어울린다고 말해 주라. 그녀의 노래가 끝나면 반드시 '앵콜'을 외쳐라. 하지만 이런 입에 발린 소리를 할 때도 본심을 드러내서는 안 된다. 속셈을 간파당하는 순간 당신의 신선도는 급격히 떨어질 것이다. 상대의 관심이 끝나는 순간 유혹도 끝난다.

7. 너무 자주 만나지 말라

우리 뇌가 매력과 호감을 판단하는 시간은 150마이크로초_{10만분의 15초}라고 한다. 사랑에 빠지는 데 걸리는 시간은 1초도 안 되는 셈이다. 순간의 끌림으로부터 900일간의 격정적인 항해가 시작되는 것이다. 사랑에 빠지면 뇌 속에 '러브 칵테일'이란 화학물질이 분비된다. 이 물질은 시간이 지나면 분비량이 줄어든다. 열정적 사랑이 영원히 지속될 수 없다는 것은 과학적으로도 증명된 사실이다.

'그대를 영원히 사랑할 거야'라는 사랑의 세레나데는 운명적으로 거짓일 수밖에 없다. 사랑은 근원적으로 오해에서 비롯됐기 때문이다. 그렇다면 열정적 사랑의 유효기간은 얼마나 될까. 미국 코넬 대학의 심리학자인 하잔 박사는 37개 문화권의 5천 명을 관찰한 결과 18~30개월인 것으로 결론지었다.

요즘은 1년도 채 안 돼 권태기를 느끼는 커플들이 많다. 어떤 커플은 거의 매일 만난다. 하루라도 안 보면 미칠 것 같다는 심정은 이해할 수 있다. 하지만 매일 만나서 무엇을 하며 시간을 보낼 것인가. 매일 비슷한 패턴이 반복되다보면 구태의연한 데이트에 권태감을 느끼게 될 것이다. 나중에는 만나는 횟수가 조금씩 줄어들게 된다. 일주일에 한 번씩 긴장된 데이트를 즐기는 커플과 시간이 흐르면서 권태감을 느끼는 커플 중 어느 커플이 더 바람직할까.

자주 만나면 상대에 대한 환상이 깨진다. 데이트는 일주일에 한두 번 정도가 적당하다. 매일 보고 싶다면 대신 이메일을 주고받아라. 글은 직접 대면해서 말하는 것보다 훨씬 더 상상력을 자극한다. 두 사람의 관계를 지속하기 위해서는 어느 정도의 긴장감은 필요하다.

상대가 혼자 있으면서 불안을 느끼기 시작하면 유혹은 성공한 것이나 다름없다. 연인으로부터 이런 반응을 이끌어내려면 처음에는 자주 모습을 드러내 서로 친근해져야 한다. 친근해진 다음에는 거리를 좀 두는 것이 좋다. 그러면 상대는 보고 싶다는 마음이 간절해질 것이다.

8. 때로는 상대에게 고통을 주라

재미있는 드라마에는 반드시 위기와 절정이 있게 마련이다. 당신의 연애 드라마에 위기가 없다면 흥행에 성공할 수 있겠는가. 직접 드라마를 연출하라. 적절한 위기를 조장한 다음 해결사로 나서라. 사랑을 하면 친절해져야 한다고 믿는다. 처음에는 친절한 태도가 매력으로 작용하지만 차츰 식상해지고 만다. 쾌락이란 일상화될수록 그 깊이는 감소하는 법이다. 사람들은 당연하다고 여길 때 아무런 자극을 느끼지 않는다.

때로는 무관심한 척할 수 있어야 한다. 상대방은 불안감을 느낄 것이다. 때로는 잠시 만나지 말자고 우회적으로 제안하는 것도 좋다. 그러면 상대방은 더욱 애가 타게 될 것이다. 그러나 이 방법을 노골적으로 사용하면 안 된다. 애매모호하게 분위기만 조성하라. 나머지는 상대방의 상상에 맡겨두기만 하면 된다. 상대는 나를 적극적으로 유혹하려는 마음의 자세를 갖출 것이다.

당신이 처음에 상대의 공허감을 파고들어 그 공허감을 채워줬다면 이제는 당신이 상대에게 공허감을 만들어줄 차례다. 상대는 마음이 약해질 것이고 불안감은 고조될 것이다. 상대는 당신에게 실수한 게 없는지 다시 돌아보게 될 것이다. 사랑의 고통은 달콤한 슬픔이다. 만약 당신의 사랑에 진짜 위기가 왔다면 기꺼이 받아들이고 사랑을 강화하는 기회로 삼아라. 사랑의 신뢰는 불신의 과정을 거쳐 완성된다. 사람들의 소심한 성격을 공격함으로써 사랑의 감정은 고조된다.

9. 열정으로 가득 채워라

 겉으로는 냉정하고 무관심한 듯한 태도로 경계심을 누그러뜨리되 부드러운 시선과 목소리로 상대의 감각을 뒤흔들어 체온을 끌어올려야 한다. 열기에 감염돼 스스로 열정에 사로잡히게 만들어야 한다. 격정적 순간이 오면 도덕적 판단과 미래에 대한 걱정은 열정에 굴복하게 될 것이다. 상대가 열정에 사로잡혀 있어도 그런 사실을 공공연히 인정하지는 않을 것이다. 이럴 때는 주저하는 모습을 보여서는 안 된다. 뭔가 딴 생각을 하고 있다는 인상을 줄 수 있기 때문이다. 무엇보다 상대방의 매력에 빠졌다는 분위기를 풍겨야 한다.

10. 이별은 짧을수록 좋다

 유혹이 성공한 뒤에는 후유증이 있게 마련이다. 감정이 최고조에 달하면 권태, 불신, 실망 같은 부정적 생각에 휩싸이는 경우가 종종 있다. 이별을 해야 한다면 상대에게 걸어둔 주문을 과감히 풀어야 한다. 이별은 짧을수록 좋다.

  살다보면 떠나야 할 때가 온다. 틀에 매이거나 굳어지기 전에 떠나야 한다. 여름이 가면 가을이 오고 열정의 시간이 가면 헤어질 시간도 오는 법. 원망하지 않는 이별은 달콤한 슬픔이다. 이 세상에 이별 아닌 게 있을까. 남녀가 헤어지는 것도 이별이고, 고향을 떠나는 것도 이별이고, 오랫동안 쓰던 물건이 못 쓰게 되어 버리는 것도 이별이다. 결혼은 부모님과의 이별이고 죽음은 삶과의 이별이다. 이별에 방해가 되는 것은 집착이다. 인생에서 후회할 일을 남기면 안 된다.

  게임이 지속되길 원한다면 부재 전략을 구사해 다시 고통과 갈등을 야기하면 된다. 당연히 옆에 있을 거라는 인상을 심어준다면 당신은 사랑의 주도자가 아니라 사랑의 희생자가 된다. 사랑은 황홀한 게임이다. 사랑의 제1법칙은 황홀함을 고조시키기 위해 밀고 당기는 것이다.

스물여섯.
좋아하는 남자를
내 사람으로
만드는 비결

　　　　　　남자들은 겉으로는 여자의 성격에 대해 말하더라도 사실은 외모에 먼저 끌린다. 성격은 고칠 수 있지만 타고난 얼굴은 고칠 수 없다고 생각하는 남자들도 있다. 그러나 요즘은 성형 수술이 발달해서 어느 정도는 타고난 얼굴을 고칠 수 있다. 어떤 성형외과 의사는 성격은 고칠 수 없어도 얼굴은 고칠 수 있는 시대가 왔다고 말한다.

　남자와 여자들이 서로 소개하는 자리가 있다고 하자. 소개팅이든, 학교 모임이든, 서클 모임이든 상관없다. 첫 만남의 자리에서 성격 좋은 여자는 남자에게 손을 내밀며 악수를 청하는데 옆에 있는 여자 친구는 얌전하게 고개 숙이고 가볍게 눈인사만 한다. 승자는 어느 쪽일까. 모임 분위기를 활발하게 이끌어가는 성격 좋은 여자와 내숭을 떠는 여자 중에서 누가 선택을 받겠는가. 주인공은 나서지 않는 법이다. 분위기는 조연이 연출해 주기 마련이다.

요즘은 여자의 발언권이 세지고 여자가 남자를 찜하기도 하는 시대다. 물론 적극적인 여자를 좋아하는 남자도 있겠지만 내숭녀가 남자의 마음을 잡아두는 경우가 많다. 자신이 적극적인 스타일이라도 자신의 본모습을 감추는 것이 좋다. 다소곳한 모습, 단정한 옷차림, 남자의 허풍을 가볍게 부추기는 은근한 멘트 등 여자의 내숭에 남자는 더 끌리게 되어 있다.

그 다음 단계는 남자의 보호 본능과 자긍심을 자극하는 것이다. 남자는 기본적으로 허풍쟁이다. 칭찬, 특히 여자의 칭찬에 목말라 있다. 내숭녀가 남자를 유혹하는 것은 식은 죽 먹기다. 남자에게 가벼운 도움을 요청하라. 여자의 작은 부탁을 거절할 남자는 많지 않다. 여자로부터 도와달라는 요청을 받은 남자는 일단 자신이 인정을 받았다는 데서 자부심을 느낀다. 도움을 받은 여자가 감사하면서 칭찬을 하면 남자는 뿌듯해 할 것이다. 자부심을 느낀 남자는 여자를 지켜줘야겠다는 보호 본능까지 느낄지도 모른다.

원하는 남자를 내 것으로 만들고 싶다면 전략적 사고를 할 필요가 있다. 남자를 진짜 찜하고 싶으면 내숭을 떨라. 기본적으로 남자에게는 기사도 정신이 있다. 숨어 있는 기사도 정신을 살려 내는 것은 여자의 몫이다.

남자의 기사도 정신은 허풍과 위선의 또 다른 모습이다. 남자의 허점은 또 있다. 남자는 사랑하는 여자를 위해 인생을 거는 것처럼 보일지 몰라도 기본적으로는 자신의 일을 더 사랑한다. 허풍선이 남자가 하는 일 혹은 관심을 갖는 일을 찬미하고, 찬성하고, 격려하고, 신뢰하라. 그리고 당신의 참신한 의견을 들려주라. 상대는 당신을 대화가 통하는 동반자로 여길 것이다.

루이 14세는 미모의 젊은 여자들로 둘러싸여 있었다. 하지만 복잡한 정사政事를 처리해야 했던 왕은 격정의 태풍 속에서 피곤함을 느꼈다. 이때 중년의 맹트농 부인이 다가갔다. 그녀는 왕과 대신들이 말하는 대화를 주의 깊게 듣고 적절한 의견을 말했다. 그녀가 미모의 연적들을 제치고 루이 14세의 마음을 차지한 것은 물론이다.

남자의 마음을 돌리기 위해 마지막으로 시도해 볼 수 있는 실험이 있다. 미국의 여류 시인 피비 캐어리는 눈물이 남자의 마음을 돌리는 유일한 방법이라고 한다. 물론 참는 듯이 소리 없이 울어야 할 것이다. 때로는 연기도 필요할 것이다.

사랑스런 여자가 부탁을 해도

남자가 응하지 않는 것을 뒤늦게 알게 될 때

어떤 세속적 상황이 그녀를

결국 실망에서 구해 줄 수 있을까?

남자의 마음을 돌리는 유일한 방법,

마지막으로 시도해 볼 수 있는 실험은

그가 남편이든 애인이든

감정을 가진 사람이라면, 우는 것이다!

모든 법칙에는 예외가 있다. 여러 방법을 다 동원했는데도 계속 싫다는 메시지가 전달될 때는 그 사람에게 매달리지 말라. 상대가 자신을 받아들일 자세가 돼 있지 않은데 막무가내로 밀어붙이는 것처럼 비참한 경우는 없다. 나보기가 역겨워 가실 때에는 말없이 보내주자. '계란으로 바위치기'도 있는 법이다.

세상은 균형으로 이뤄진다. 일방적인 사랑이 이뤄지지 않는다면 보내주라. 우정이 평등한 사람 간의 사심 없는 거래라면 사랑은 폭군과 노예 간의 비굴한 상거래가 될 수도 있다. 살다보면 쉼표를 찍게 될 경우도 있다. 인생은 쉼표와 마침표의 반복이다. 세상에서 흔한 게 멋진 남자와 멋진 여자다.

스물일곱.
연애를 하면 세상이 바뀐다

피타고라스는 만물은 수로 이뤄져 있다고 했다. 어떤 때는 사람도 숫자로 이뤄진 것 같다. 초등학교, 중고등학교에서는 성적이 우리 아이의 가치를 대변한다. 대학 입학도 획득한 숫자(입학 성적)에 의해 결정된다. 우리나라에서 학적은 목숨처럼 중요하다. 대학 입시에 실패했다는 이유로 학생이 목숨을 끊는 나라는 한국밖에 없다. 국적은 바꿀 수 있어도 학적은 바꿀 수 없다고 하지 않는가. 좋은 대학을 졸업하면 좋은 직장에 취직할 가능성이 높다. 월급을 얼마 받느냐에 따라 엘리트 사원인지 아닌지가 결정된다.

중매 결혼의 경우 우선 키, 재산, 학벌 등이 중요 기준이 된다. 건강 진단서를 요구하기도 하는데 이 역시 숫자로 채워져 있다. 상대방이 어떤 집에 사는지 알기 위해서는 어느 동네에서, 몇 평짜리 아파트에 사는지 물어보면 그만이다. 그 집에 마당이 있는지 장미를 기르는지는 관심의 대상이 되지 않는다. 성적, 학교, 재산과 관련된 모든 숫자들이 사람을 사귈 때 거래의 대상이 된다. 인간이 숫자로 대변된다면 미소와 미모가 몇 개나 있는지, 재치 있는 생각의 양은 얼마나 되는지도 따져야 할 것이다.

연애를 할 때 손익 계산을 하느라 주저하는 것은 마치 양념이 빠진 음식과 같아 맛이 없다. 연애할 때 월급을 얼마나 받는지, 재산은 얼마나 되는지, 일류 대학을 나왔는지 등이 주요 관심 대상이 된다면 그건 연애가 아니라 거래다.

주변을 돌아보면 예쁘고 착하지만 가난한 집의 여자보다는 못생겼지만 부잣집 무남독녀를 선택하겠다고 생각하는 남자도 제법 있다. 이를 속된 말로 '처테크'라고 한다. 처테크에 능한 남자일수록 착하고 예쁜 여자는 따로 만나면 된다고 생각한다.

진짜 연애를 하게 되면 사람은 이렇게 변한다. 복장이 단정해진다. 발걸음이 경쾌해진다. 늘 가슴이 뛴다. 일이 즐거워진다. 일이 짜증나고 공부가 하기 싫다면 진짜 사랑을 하고 있지 않은 것이다. 당신의 마음을 끌어당기는 사람과의 사랑을 미루지 말라. 세상을 지금 당장 즐거운 곳으로 바꾸어야 한다.

연애를 하느라 일을 제대로 하지 않고 주변 사람과도 사이가 나빠진다면 그 연애는 진짜가 아니다. 사랑을 하면 예뻐진다. 마음도 고와진다. 생동감이 넘치게 돼 일에 의욕이 생긴다. 사랑을 하게 되면 우리는 하찮은 풀도 사랑하게 된다. 우리 속담에 "마누라가 예뻐 보이면 처갓집 기둥도 예뻐 보인다."는 말이 있지 않은가.

사랑은 전염성이 강하다. 진짜 사랑을 하면 모든 것을 사랑할 줄 알게 된다. 에리히 프롬은 『사랑의 기술』에서 "한 사람만 사랑하고 다른 모든 사람에게 무관심하다면 그것은 사랑이 아니라 확대된 이기주의다. 내가 한 사람을 진짜 사랑한다면 나는 모든 사람들을 사랑하고, 세계를 사랑하고, 삶을 사랑하게 된다."라고 말했다.

사랑할 때는 순간순간 최선을 다해야 한다. 하루를 만나더라도 평생을 함께하는 것처럼 만나야 한다. 오늘 하루 데이트를 한다고 하자. 만약 우리가 '하루살이'라면 데이트 상대방과는 평생을 함께 사는 것이다. 사랑을 하려면 하루살이처럼 해야 한다. 사랑을 하려면 순간에서 영원을 보듯이 해야 한다.

"한 알의 모래 속에서 세계를 보며 한 송이 들꽃에서 천국을 본다. 그대 손바닥 안에 무한을 쥐고 한순간 속에서 영원을 보라." 영국 시인 윌리엄 블레이크의 '순수의 전조'라는 시에 나오는 구절이다. 순수한 사랑은 순간의 사랑 속에서도 영원의 달콤한 고뇌를 짊어지는 것이다. 연애를 할 때는 내일을 기약해서는 안 된다. 평생 언제 그런 기회를 가지겠는가.

스물여덟.
사랑은
지금 아니면 없다

가을바람에 밀려 아내와 여행길에 올랐다. 여기저기 돌아다니다 밤늦게 호텔에 들었다. 나는 가슴 싸하게 몰려오는 밤공기의 유혹에 끌려 호텔에서 나와 나도 모르게 호숫가로 들어섰다. 갈대숲에 멈춰 섰다. 갈대는 흐르고 내 마음도 흐른다. 나는 보는 사람이 없다고 신나게 물줄기를 뿜어댔다. 아뿔싸, 하늘을 쳐다보니 초롱초롱한 별들이 나를 내려다보고 있는 게 아닌가. 호수 너머 신비한 지평선도 아스라이 다가오고 있었다. 정적, 소리 없는 아우성. 이런 세상도 있었던가. 별천지다. 나는 어느새 별 속으로 빨려들고 있었다. 순간 나는 별이 되었다.

주변을 둘러보니 서로 열정적으로 포옹하는 별들도 있었고 새근새근 잠자고 있는 아기별들도 있었다. 별들의 세계가 우리네 모습과 다른 게 뭔가? 별들도 태어나고 사랑하고 죽어가는 것을.

미국항공우주국NASA은 지구로부터 6천 3백 광년 떨어진 곳에서 두 개의 거대한 은하계가 합쳐져 새로운 별의 무리가 생성되는 모습을 허블 망원경으로 촬영하는 데 성공했다. 은하계는 고립된 상태에서 움직이는 게 아니라 서로 랑데부해 모양을 변화무쌍하게 바꾼다는 사실을 밝혀낸 것이다. 이 세상에 변하지 않는 것은 없다. 다만 '변하지 않는 것은 없다'는 사실만은 불변일 것이다.

빛의 밝기가 시간에 따라 변하는 '우주 신비의 열쇠' 변광성 variable star을 따라 시간의 고향을 따라나섰다. 1950년대의 한 신학자는 창세기를 기원전 4004년으로 잡았다. 그러나 허블은 우주의 나이에 관한 단서를 변광성에서 찾아냈다. 별의 원래 밝기와 허블 망원경에 비친 밝기를 비교해 거리를 알아내고 별의 후진 속도를 측정해 현재 우주의 나이가 1백 30억~1백 40억 년이라는 것을 밝혀낸 것이다.

허블은 타임머신이다. 허블에 비친 먼 우주의 은하계 모습들은 수백만 년 전 발산된 빛으로 이루어진 것들이기 때문이다. 천체망원경에 포착된 우주의 별들은 현재 그곳에 존재하지 않을 수도 있다. 인간이 계산해낸 좁은 우주의 짧은 나이가 우습다는 생각이 든 순간 색즉시공의 파노라마를 넘어 멀리서 신비한 푸른색

별이 아스라이 다가오고 있었다. 타임머신아, 빨리 지구로 가자꾸나. 나도 이 밤이 가기 전에 사랑을 하고 싶다.

사랑은 무엇일까? 지금 아니면 앞으로는 없는 것이다. 이 순간의 즐거움은 이 순간의 웃음을 낳지만 다가올 일은 여전히 불확실하다. 이 지구도, 이 우주도 언제 사라질지 알 수 없다. 머나먼 별의 외계인과 랑데부를 꿈꿀 수는 없다. 그들이 있는 곳에 도착하는 순간 그들은 이미 존재하지 않는다. 미룬다고 좋을 건 없다. 젊음은 영원히 지속되진 않는다. 사랑을 하려면 지금 이 순간을 잡아야 한다.

대다수 사람들은 삶을 마치 경주라고 생각하는 것 같다. 목적지에 빨리 도착하려고 헉헉거리며 달리는 동안, 주변에 있는 아름다운 경치는 모두 놓쳐버린다. 그리고 경주가 끝날 때쯤엔 목적지에 빨리 도착하는 것은 별 의미가 없다는 것을 알게 된다.

꿈은 이루어진다. 꿈을 이루면 꿈은 사라지지만 꿈을 꾸는 이 순간은 황홀하다. 이 순간 귓전을 속살거리는 모차르트는, 내 눈을 잡은 그녀의 도도한 걸음은 홀연 나를 멈추게 한다. 행복의 조각들을 하나씩 주워 모으자. 미룬다고 좋아진 게 무엇이 있나.

우리가 열심히 일하는 것은 사랑하기 위해서다. 인생의 궁극적인 목적은 사랑이다. 사랑하는 사람이 없다면 사람들은 일과 돈을 무의미하게 느낄 것이다. 사랑과 일은 손에 손을 잡고 가는 것이지 어느 한쪽을 미룰 수 있는 성격의 것은 아니다. 영화 『죽은 시인의 사회』에서 키팅 선생이 제자들에게 정말 가르쳐주려고 했던 것은 문학 이론이 아니라 사랑이었다.

"우리는 시가 아름답기 때문에 쓰고 읽는 것이 아니야. 우리는 인류의 일원이기 때문에 시를 쓰고 읽는 것이지. 그리고 인류는 정열로 가득 차 있지. 의학, 법학, 상업, 공업, 이러한 것들은 훌륭한 일들이고 삶을 유지하기 위해 필요한 것들이다. 하지만 시, 아름다움, 로맨스, 사랑, 이런 것들은 우리가 살아가는 이유다."

사랑이 우리가 살아가는 이유라고 말하는 키팅 선생님은 제자들에게 전혀 기대하지 않았던 새로운 것을 일러준다. 바로 '카르페 디엠Carpe diem'이다.

"현재를 즐겨라. 할 수 있는 동안 장미 봉오리를 모아라. 시인은 왜 이런 말을 했을까? 우리는 벌레의 먹이이기 때문이지, 제군들. 믿건 안 믿건 이 방에 있는 사람들은 모두 언젠가 숨이 멎고 차갑게 되고 죽을 것이기 때문이야."

그는 영국 시인 로버트 헤릭의 시를 읽어준다.

소녀들이여, 시간을 최대한 이용하라.
시들기 전에 장미 봉오리를 모아라.
오래된 시간은 아직도 날고 있고
오늘 미소 짓는 바로 이 꽃도
내일이면 시들고 말리.
하늘의 찬란한 등불 태양도
더 높이 솟으면 솟을수록
더 빨리 달리면 달릴수록
석양녘에 더 가까워지리라.
청춘의 피가 뜨거웠던
첫 시절이 가장 좋은 때,
그 시절 지나고 나면 점점 더
힘든 시절이 뒤를 따르리니.
그러니 수줍어 말고 시간을 활용하라.
할 수 있는 동안에 결혼하라.
청춘을 한번 잃고 나면,
영원히 기다려야 하리니.

칭찬을 뛰어넘는 유머 화법

사실을 있는 그대로 직시한다면 세상에는 웃음이 사라질 것이다.
유머는 상대가 미처 생각하지 못한 허를 찌르는 것이다.
대화를 할 때 생각을 일단 거꾸로 해보는 습관을 기르면 의외로
좋은 유머의 소재가 발견되는 경우가 많다.

질병과 슬픔이 있는 이 세상에서
우리를 강하게 살도록 만드는 것은 웃음과 유머밖에 없다.
- 찰스 디킨스

스물아홉.
유머는 남과 다르게
생각하는 데서 나온다

　　　　　　유머는 모든 상황을 매끄럽게 돌아가도록 하는 윤활유와 같다. 재치 있는 말 한마디가 어색한 상황을 부드럽게 한다. 사람과 사람의 거리를 좁힐 뿐 아니라 대화의 분위기를 밝게 한다. 협상에서 팽팽하게 줄다리기를 할 때 유머가 해결의 실마리를 마련해 주기도 한다.

　스스로 유머 감각이 부족하다고 생각하는 사람이라도 걱정할 필요는 없다. 상황을 긍정적으로 보면서 새로운 시각을 가지는 습관만 기르면 된다. 유머는 어떤 사실을 다른 상황에 비유하거나 다른 시각으로 볼 때 생겨난다. 이 세상 모든 것은 동전의 앞면과 뒷면처럼 양면을 지니고 있기 때문에 어떤 상황에서도 유머를 만들어낼 수 있다. 사실을 있는 그대로 직시한다면 세상에는 웃음이 사라질 것이다. 유머는 상대가 미처 생각하지 못한 허를 찌르는 것이다. 대화를 할 때 생각을 일단 거꾸로 해보는 습관을 기르면 의외로 좋은 유머의 소재가 발견되는 경우가 많다.

골프장에서 키가 매우 큰 캐디를 만났다. 누군가가 늘씬하고 큰 키에 대해 칭찬하자 캐디는 "제가 우리 집에서 제일 작은 편이에요."라고 우쭐해 하며 말했다. 그 말을 되받아서 일행 중 가장 키가 작은 사람이 말했다. "나는 우리 집에서 가장 큰 편에 속하는데, 부럽다."

유머를 구사하면 웃음으로 인해 엔돌핀이 증가돼 건강이 좋아진다는 것은 잘 알려진 사실이다. 또 웃을 때 장이 자극을 받아 순환계에 긍정적인 반응을 일으키고 두뇌도 활발하게 작동한다.

앨빈 토플러는 21세기에 가장 중요하게 대두될 두 가지로 하이테크high tech와 하이터치high touch를 꼽았다. 그의 예측대로 인간의 감성을 중시하는 하이터치 시대가 왔다. 유머는 인간의 감성을 부드럽게 어루만지는 가장 유효한 수단이다.

유머는 남과 다르게 생각하는 것이다. 남과 같은 생각을 한다면 이미 유머가 아니다. 전혀 다른 두 개를 하나로 모으기도 하고 두 개에서 한 개를 빼기도 하고 한 개를 두 개로 나누기도 하고 한 개를 열 개로 뻥튀기도 해야 한다. 앞으로 보기도 하고 뒤로 보기도 하고 위에서 보기도 하고 밑에서 보기도 해야 한다. 유머에도 수학처럼 더하기, 빼기, 곱하기, 나누기가 있다.

하나의 주제가 형성됐다면 그 주제의 긍정적인 면과 부정적인 면을 재빨리 파악해야 한다. 누군가가 어떤 주장을 하면 그 주장의 허점을 파고들어야 한다. 공격하는 자는 반드시 허점을 보인다. 모든 사물에는 양면성이 있으므로 허점도 반드시 존재하게 마련이다.

우호적인 자리라면 상대의 장점을 부추기는 쪽으로 대화를 이끌어야 하고 논쟁하는 자리라면 상대방이 스스로 함정에 빠지도록 유도해 자신의 오류를 스스로 깨우치게 해야 한다.

사람에게는 누구나 장점과 단점이 있다. 단점이 드러났을 때 그 단점을 지적하면 큰 상처를 입게 된다. 단점 속에도 찾아보면 좋은 점이 있게 마련이다. 그 좋은 점을 부각시키면 상대방은 큰 위안을 얻을 것이다. 품격 있는 유머는 말하는 사람도 품격 있게 만든다. 누구나 늘 함께하고 싶은 사람은 단점에서 장점을 찾아주는 사람이다.

유머는 어떤 의미에서 선문답에 가깝다. 선문답은 상대방이 자신의 생각에 얽매여 있는 것을 풀어주는 과정이다. 선문답은 상대방의 무지를 스스로 깨우치게 하는 소크라테스의 '산파술'과도 유사하다. 상대방의 오류를 역발상을 통해 바로잡는다는 점에서 선문답과 산파술은 발상법에서는 유머와 일맥상통한다.

승찬대사는 달마대사, 혜가대사를 잇는 중국 선종의 3대 조사다. 4대 조사였던 도신대사가 14대 때 승찬대사를 찾아가 물었다.

"스님, 자비심으로 이 세상의 속박에서 벗어나는 해탈법문을 들려주십시오."

"누가 너를 속박했단 말이냐."

"아무도 속박하는 이는 없습니다."

"그럼 무엇 때문에 해탈 따위를 구하느냐."

이 말 끝에 도신대사는 크게 깨달았다.

6대 조사인 혜능선사가 인종법사의 열반경 강의를 듣고 있었다. 그때 바람이 불어 깃발이 흔들렸다. 그러자 한 제자가 혜능선사에게 물었다.

"스승님, 흔들리는 것은 깃발입니까, 아니면 바람입니까?"

"흔들리는 것은 아무것도 없다. 흔들린다면 바로 네 마음이 흔들리고 있을 뿐……."

서른.
상대방의 말에 일단 긍정하라

유머는 마음의 여유에서 나온다. 좋은 말이든 나쁜 말이든 일단 받아들이는 여유를 가지자. 자신의 감정에 휩쓸려 상대방의 말에 화부터 낸다면 당신은 이미 지고 있는 것이다. 다른 사람의 비판에 과민 반응을 보이거나 방어적으로 대응하는 것은 자신에게 상처만 남길 뿐이다.

상대의 말을 수긍한 다음에는 상대방의 말을 더 발전시키거나 그 말과 대비되는 면을 부각시켜 상대방이 스스로 무너지도록 해야 한다. 특히 유쾌하지 못한 상황에 직면했을 때 반사적으로 'yes & but 화법'을 구사할 준비를 하고 있어야 한다. 난처한 상황에서 냉정을 잃지만 않아도 유머형 인간이 될 자질이 충분히 있다. yes가 나오면 but이 나오는 것은 그다지 어렵지 않다. 일단 상대의 말을 받아들인 다음 따지더라도 늦지 않다.

당신은 지금 누군가와 뜻이 맞지 않아 절교하고 있지는 않은가. 그와 화해하지는 않아도 좋다. 대면할 기회가 있다면 그의 말에 일단 yes라고 말하라. 모든 사물에는 양면이 있기 때문에 반드시 yes라고 말할 수 있는 부분이 있을 것이다. 그 다음 당신이 하고 싶은 말을 하라. 상대방의 말을 더 진전시켜 상대가 스스로 문제점을 깨우치도록 하라. 상대방의 말을 일단 긍정하면 적어도 원치 않는 싸움은 피할 수 있을 것이다.

원술이 유비와의 싸움에서 패배하여 따르는 이가 20명밖에 남지 않았을 때 병사에게 명령을 했다.
"이보게, 너무 피로하니 어디 가서 꿀물 좀 구해 오게."
그러자 병사는 장군에게 빈정거리며 대꾸했다.
"이 난리통에 꿀물이 웬 말이오. 핏물이라면 모를까."
이 말을 들은 원술은 분노한 표정을 짓다가 갑자기 피를 토하며 죽었다.

한때 황제를 자칭한 자신이 하찮은 돗자리 장수에 불과한 유비에게 패한 것이 억울했을 것이다. 게다가 말단 병사조차도 자신을 빈정거리는 것을 감내하기 어려웠을 것이다. 진정한 리더라면 그 정도의 고통은 웃음으로 넘겼어야 한다. 모든 면에서 유비보다 우월했던 원술에게 한 가지 부족한 점을 꼽으라면 여유와 웃음이 없었다는 것이다.

만약 유비였다면 그 상황에서 어떻게 말했을까. "(yes) 핏물도 물은 물이군. (but) 우리 병사들의 피를 헛되게 해서는 안 되겠지." 한술 더 떠 물을 마시면서 "(yes) 지금 핏물을 마시는 심정이지만, (but) 다음에는 꿀물을 마시듯이 마실 것이다."라고 말했다면 어떻게 됐을까.

한 정치인이 마이크를 잡고 연설을 하는데 어디선가 계란이 날아왔다. 그 정치인은 이렇게 받아쳤다. "(yes) 계란을 주시니 고맙습니다. (but) 이왕이면 소금도 주십시오."

이 말은 들은 청중들은 박수를 쳤다. 청중들은 자신들의 비난을 일단 받아들인 그 여유를 높이 산 것이다. 물론 그는 당선됐다.

서른하나.
상대방의 주장에서 한 발 더 나아가라

상대방의 곤란한 질문이나 공격에 대답하기도 난처한 상황에서 상대방의 말을 수긍한 뒤 더 북돋우는 것은 정말 힘든 일이다. 마음의 여유가 있을 때나 가능할 것이다. 상대방의 말에서 한 발짝 더 나가는 것은 사실상 상대방을 무안하게 하기 위한 수단이다. 따라서 상대방의 말을 북돋우는 것은 실제로는 but에 해당한다고 볼 수 있다. 상대방 의견을 더 부각시키는 것은 문제점이 잘 보이도록 해서 스스로 잘못을 깨닫게 하는 효과가 있다.

상대방의 행동이나 언행에 대해 한술 더 떠서 말하는 것은 긍정적인 내용일 경우 긍정적인 부분을 더욱 강화하고 부정적인 내용일 경우 부정적인 부분을 더욱 강화하는 효과가 있다. 어느 경우든 상대방을 깨닫게 하기 위한 수단이어야 한다. 물론 상대방의 말을 한 단계 더 진전시킬 때는 상대방이 스스로 함정에 빠지는 반전이 있어야 함은 물론이다.

소크라테스의 대화술인 산파술은 일종의 말꼬리 잡기인데 yes & but의 기법이 포함되어 있다. 산파술은 상대방의 이야기를 수용함으로써, 직접 가르치지는 않지만 간접적으로 진리에 도달할 수 있도록 도와주는 대화술을 말한다. 상대방의 이야기를 받아주는 것은 yes에 해당하고 진리에 도달할 수 있도록 도와주는 것은 사실상 but에 해당한다. 상대방이 스스로 진리에 도달하게 유도한다는 것은 사실상 상대의 오류를 통렬하게 공박하는 것이다.

산파술이란 용어는 소크라테스의 어머니가 산파였다는 데서 유래한다. 산파가 아이를 끌어내듯 진리를 끌어내는 대화법이 산파술이다. 진리를 끌어낸다는 것은 좀 더 정확하게 말해 확고부동한 진리가 없다는 것을 깨닫게 하는 것이다.

A라는 사람이 B에게 묻는다.
"행복이란 무엇일까?"
"의식주가 만족스러운 것 아닐까?"
"그럼 등 따습고 배부른 게 잘 사는 거라면, 주는 먹이 먹고 아무 걱정 없이 사는 우리 속의 돼지의 모습이 우리가 원하는 행복한 모습일까?"

"그건 아니지. 돼지하고 사람은 다르지."

"그럼 어떤 게 행복일까?"

"뭔가 질 높은 삶을 추구하는 게 행복일 것 같아."

"어떤 게 질 높은 삶일까?"

"맛있는 음식, 멋진 의상, 안락한 주택……."

"배고픈 돼지에겐 어떤 먹이도 맛있다. 옷이 필요 없으니 고급 브랜드 제품에 욕심을 내지 않을 것이다. 어떤 불만도 없고 어떤 불편도 느끼지 않으니 돼지가 진짜 행복한 존재겠군."

서른둘.
공격하는 자는
반드시 허점을 보인다

논쟁할 때는 마음의 여유를 지녀야 한다. 상대방의 공격에 직접적으로 맞대응을 하거나 화를 낸다면 스스로 무너지는 것이나 다름없다. 논쟁에서는 상대방의 공격이 악수가 되도록 유도하는 것이 포인트다. 공격하는 자는 반드시 허점을 보인다. 마음의 여유가 그 허점을 찾아내도록 도와줄 것이다.

마음의 여유는 진리에서 자유로워질 때 가질 수 있다. 진리란 고수하는 자에게는 분명히 짐이 될 것이다. 진리가 나를 깨우쳐 주었다 해서 그 진리를 영원히 간직한다면 우리는 그 짐에 눌려 힘들게 나아갈 수밖에 없다. 우리가 진리라고 여기는 것은 절반의 진리에 불과하다. 진리라는 집에 회의를 느끼기 시작할 때 슬퍼하지 말고 그 집에서 떠나야 한다.

불교의 초기 경전인 '아함경'에 나오는 이야기다.

어떤 나그네가 긴 여행 끝에 강가에 이르렀다. 그는 나무로 뗏목을 엮어 무사히 강을 건넜다. 그는 강을 건네준 뗏목이 너무 소중해서 뗏목을 지고 여행을 계속했다.

진리를 고수하면 그 짐은 본인이 지고 갈 수밖에 없다. 유머는 진리의 이면을 들춰내는 작업이다. 유머를 구사하기 위해서는 상황에 맞지 않는 도구는 버리고 필요한 도구는 취해야 한다.
논쟁할 때 상대방은 어떤 면을 강하게 주장하면서 대화를 끌고 갈 것이다. 그렇지만 사물에는 항상 두 가지 면이 있게 마련이다. 일단 상대방의 주장을 존중하라. 결코 '당신이 틀렸다'고 말하지 말라. 그런 다음 그 반대되는 면도 있음을 인식시켜라. 상대방이 진리의 짐을 지고 있다면 유머는 그 짐을 내려주는 역할을 한다.

처칠 영국 총리가 정적으로부터 "아침에 늦게 일어나는 게으른 정치가는 필요 없다."는 공격을 받았다.
"글쎄요, 당신이 나처럼 예쁜 마누라를 데리고 산다면 당신도 아침에 일찍 일어나지 못할 겁니다."

서른셋.
위기를 역전의 기회로 만들라

누구나 실수를 한다. 그럴 경우 대다수 사람들은 변명하기에 급급하다. 변명이 설득력이 없을 경우 상대의 화를 더 돋울 수 있다. 위기에 빠지면 사람들은 당황부터 한다. 이런저런 변명을 늘어놓다가 상대방에게 약점만 잡힐 가능성이 높다. 이때 유머는 위기를 넘기는 수단이 된다. 위기가 왔을 때는 상황을 뒤집는 임기응변이 필요하다. 적절한 유머는 위기를 오히려 기회로 바꾸기도 한다. 오해를 일으킬 수 있는 행동이나 발언을 했을 경우 자신의 언행은 상대방을 위한 것이었다는 점을 부각시키는 것이 중요하다.

반전의 기술은 유머뿐 아니라 소설에도 적용된다. 발단, 전개, 위기, 절정, 결말의 5단계로 이뤄지는 소설의 구성 단계에서 절정이 반전에 해당한다. 반전의 기법을 극적으로 구사할수록 소설은 생명력을 갖는다. 당신도 인생을 소설처럼 살 수 있다. 위기에 처했을 때 반전으로 위기를 극복하라. 대화 도중 코너에 몰렸을 때 자신의 의견이 상대방을 위한 것이었음을 설득력 있게 제시한다면 오히려 상대방이 무안해 할 것이다.

출세의 야망을 지닌 한 젊은이가 대원군을 찾아갔다. 그런데 대원군은 자신을 본체만체했다. 대원군은 막강한 안동 김씨 세력을 하루아침에 무너뜨리고 세상의 권세를 거머쥔 상황이었다. 그런 그에게 하루에도 수십 차례나 출세의 꿈을 안고 사람들이 찾아오니 성가실 만도 했다. 젊은이는 대원군의 박대에도 아랑곳없이 다짜고짜 큰절부터 올렸다. 대원군이 또다시 본체만체하자 한 번 더 소리내어 다시 큰절을 올렸다. 그러자 호통이 떨어졌다.

"네 이놈, 살아 있는 사람에게 두 번 절을 하다니 네놈이 필경 날 송장으로 여기지 않고서 어찌 이런 무례한 짓을 할 수 있느냐. 처죽일 놈 같으니."

일생일대의 위기였다. 그 순간 젊은이는 냉정을 잃지 않고 재치 있게 대응했다.

"소인이 두 번 절한 것은 당연합니다. 먼저 절한 것은 처음 뵙겠다는 절이었고, 두 번째 절은 이만 물러가겠다는 절이었사옵니다."

젊은이는 일단 두 번 절한 사실을 인정하되, 송장으로 여기지는 않았다는 것을 재치 있게 증명한 것이다. 젊은이의 재치와 배짱에 감복한 대원군이 그를 크게 썼음은 물론이다.

서른넷.
상대방의 의견을 경청하라

　　　　　　　대화하는 것은 서로 말을 하는 것이 아니라 서로 들어주는 것이라는 점을 염두에 두어야 한다. 자신이 말하는 것만 생각해서 다른 사람의 말을 주의 깊게 듣지 않으면 대화의 흐름을 탈 수 없다. 대화의 흐름을 거스르지 않기 위해서라도 상대방의 의견을 주의 깊게 들어야 한다. 또 상대방의 발언이 자신의 생각과 어디가 다른지를 냉정하게 판단하면서 들어야 한다. 대화의 자리에서 자신의 흥미나 관심 사항만을 장황하게 늘어놓으면 상대방은 고역일 것이다. 아무리 좋은 의견이라도 혼자만의 생각을 일방적으로 말해서는 안 된다.

　상대의 말을 들을 때는 전체의 발언에서 지금 어떤 부분에 화제가 집중되고 있는지를 파악하고 어떻게 대화를 끌고 갈 것인지를 머릿속에 그려야 한다. 상대의 말을 주의 깊게 들으면서 대화에 참여하면, 상대방에게 자신이 원하는 생각을 원활하게 전달할 수 있다. 상대방의 말을 잘 듣고 있다가 요점을 반복하면서 자신의 말과 연결시키면 주제를 자연스럽게 전환할 수 있다.

대화는 서로 주고받는 핑퐁 게임과도 같다. 탁구를 할 때는 상대방의 공을 잘 보고 있어야 공을 정확히 받아내 원하는 데로 넘길 수 있다. 특히 상대방을 웃기기 위해서는 먼저 상대방의 말을 경청하면서 상대방의 논점을 정확히 파악하고 있어야 한다. 대화의 주제에 어울리는 유머를 할 때만 분위기를 돋울 수 있다. 그렇지 않으면 동문서답식의 엉뚱한 유머가 나와 분위기를 썰렁하게 할 수도 있다.

사람을 억지로 웃길 수는 없다. 웃음은 자연스러운 상황 속에서 나와야 한다. 아무리 좋은 유머를 준비했다 하더라도 적절한 타이밍을 놓쳤다면 과감하게 포기하는 것이 좋다. 건강에 관한 대화를 하는데 불쑥 정치 유머를 끼워 넣는다면 황당한 분위기가 연출될 수도 있다. 유머는 타이밍이 중요하다. 상대방의 말을 경청하고 있다가 대화의 흐름에서 벗어나지 않는 유머를 구사해야 한다.

코미디언 조지 번즈는 대화의 흐름을 타는 유머를 제대로 구사하는 사람이었다. 사람들이 파티에서 건강 관리에 대해 얘기를 하고 있었다. 누군가 곧 100살이 되는 조지에게 요즘 의사들을 어떻게 생각하느냐고 물었다. 그는 '재미있는 이야기를 하나 해주겠다'는 식으로 말하는 대신 건강과 관련된 자신의 일상생활부터 소개했다.

"나는 하루에 시가를 열 대 피우고, 매일 점심, 저녁때마다 마티니를 두 잔씩 마시죠. 그리고 젊었을 때보다 더 자주 여자들과 어울립니다. 그러면 사람들은 의사가 그 점에 대해 어떻게 생각하느냐고 물어봅니다."

그는 좌중을 둘러보고 태연하게 말을 이었다. "그런데 나보다 50살이나 젊은 주치의는 10년 전에 죽었어요."

그러자 건강 관리 때문에 심각해져 있던 사람들의 얼굴이 활짝 피면서 폭소가 터졌다.

젊게 사는 건강 비결

젊음이란 소심하기보다 용기가 넘치고, 안이함을 추구하기보다
모험의 욕구가 넘치는 것. 젊음은 스무 살 청년에게만 있는 건 아니다.
예순의 노인에게도 젊음은 있다.
나이 먹는 것만으로 늙는 사람은 아무도 없다.
우리는 열정을 잃어버림으로써 늙어간다.

건강한 자는 모든 희망을 안고,
희망을 가진 자는 모든 꿈을 이룬다.
- 아라비아 격언

서른다섯.
적게 먹고
많이 움직여라

장수와 건강의 비결을 한마디로 요약하면 '적게 먹는 것'이다. 하나 더 보탠다면 '많이 움직이는 것'이다.

하버드대학교 의과대학의 하임 코언 박사는 자신의 연구 논문에서 "칼로리 섭취를 줄였을 때 수명이 연장되는 것은 노화된 세포가 스스로 죽도록 하는 유전자가 활성화되기 때문이다."고 밝혔다. 암 세포는 죽어야 할 세포들이 주위의 지방 성분 덕분에 안 죽고 살아남은 세포라는 것이다. 노화된 세포가 죽어야 그 자리에 새로운 세포가 들어설 수 있다. 미국국립보건원은 이미 영장류인 원숭이 실험에서 소식이 수명 연장에 직결된다는 사실을 증명해냈다.

칼로리가 높은 음식을 목구멍까지 찰 정도로 지나치게 먹는 동물은 사람뿐이다. 음식을 게걸스럽게 먹는 돼지도 위를 80퍼센트 이상 채우지 않는다. 5백 년을 산다는 학은 위의 5분의 1만을 채운다고 한다.

기네스북에 올랐던 최장수 사람들도 예외 없이 평생을 소식하며 살았다. 국내에서 100세 넘게 장수한 사람들을 조사했더니 대체로 소식을 하고 된장을 많이 먹었다는 공통점이 있었다고 한다. 반면에 2백 킬로그램을 넘게 살을 찌워야 하는 일본의 스모 선수들의 평균 수명은 40세 안팎으로 알려져 있다.

발명가 에디슨은 자신을 천재라고 칭찬하는 사람들에게 "나는 천재가 아니다. 비결이 있다면 남처럼 많이 먹지 않았다는 것이다. 식곤증으로 인한 불필요한 잠을 자지 않아도 되었으므로 맑은 정신으로 오랫동안 일에 집중할 수 있었다."라고 대답했다. 보람 있는 삶을 살기 위해서라도 에디슨처럼 소식할 일이다.

식도락가에게 소식하라고 권하는 것처럼 고역은 없다. 하지만 방법이 없는 것은 아니다. 식사 전에 양배추를 생으로 된장에 살짝 찍어 먹으면 뇌에서 포만감을 느끼게 되어 자연스레 소식을 할 수 있다. 실제로 이 방법으로 다이어트에 성공한 사람이 많다. 그만큼 검증된 방법이다. '양배추는 가난한 자의 의사'라는 말까지 있을 정도로 비타민과 미네랄은 물론 생리활성물질이 다량 포함돼 있다. 항암성 물질의 함량도 높아 마늘 다음 가는 항암 식품으로 꼽히기도 한다.

건강과 장수를 위해 적게 먹는 것이 중요한 만큼 '많이 움직이는 것'도 중요하다. 거창한 계획보다는 실천 가능한 것부터 차근차근 해나가는 것이 바람직하다. 사무실이나 연구실에 갇혀 있는 사람들은 오늘 점심만큼은 자신을 위한 시간으로 만들어보면 어떨까. 점심시간은 점심을 먹는 데만 사용하는 시간이 아니다. 몸을 움직이며 주변을 어슬렁거리는 시간이다.

고려시대까지만 해도 1일 2식을 했다. 점심이라는 말은 본래 일일이식一日二食을 했던 중국에서 아침과 저녁 사이에 드는 간단한 식사를 일컫는 말이었다. 농경이 발달하면서 사람들이 점점 규칙적인 일을 하게 되자 일을 하는 중간에 아침에 남겼던 밥으로 간단히 요기를 때웠다. 요즘에는 바쁜 아침 시간에 식사를 충분히 할 수 없어 오히려 점심을 충실히 먹는다. 점심을 많이 먹으면 오후에 몸이 나른해져 일의 효율성이 떨어진다. 점심을 약간 모자란 듯하게 먹고 가볍게 산책을 하면 오후에 상쾌한 기분으로 일을 할 수 있다. 아침을 제대로 먹으면 점심을 적게 먹을 수 있고, 정신이 맑은 오전에 일의 효율성도 높일 수 있을 것이다.

우리도 소식하면서 몸을 움직이면 에디슨처럼 천재가 될 수 있을지도 모른다.

서른여섯.
천재들은 '산책형 인간'이었다

문명의 이기들은 인간이 움직이지 않고도 생활할 수 있게 해주었다. 사람들은 아침에 일어나서 자동차나 버스로 출근하고, 거의 하루 종일 사무실 의자에 앉아서 지낸다. 일을 마치면 차를 타고 집에 돌아와서 텔레비전을 보다가 잠을 잔다. 이것이 바로 현대 한국인의 가장 표준적인 일상이다.

인간은 동물이다. 동물은 움직이는 물건이다. 인간이 두 다리로 여기저기 움직이지 않으면 식물인간과 크게 다를 바 없다. 인간이 두 다리로 걸을 때, 비로소 더 넓은 세상에 한 발 더 다가설 수 있다.

걷기는 나와 세상이 교감하는 행위다. 프랑스의 사회학자 다비드 르 브르통은 산문집 『걷기 예찬』에서 '바쁜 사람들이 지배하는 세상에서 한가롭게 걷는 것은 시대착오적으로 보일지 모르지만 사실은 세계를 향해 자신을 열어놓는 것'이라고 말했다.

역사적으로 유명한 철학자들은 전형적인 '산책형 인간'이었다. 고대 그리스의 철학자 아리스토텔레스는 제자들과 함께 학교 주변을 걸으면서 학문을 가르쳐 '소요학파'로 불렸다. 칸트는 매일 오후 같은 장소를 정확한 시간에 지나가 동네 사람들은 칸트가 걸어오는 것을 보고 시간을 맞췄다고 한다. 중년에 청력을 잃은 베토벤은 작곡하는 시간을 제외하고는 걷는 것을 일상화했다. 불멸의 명작 교향곡 6번 '전원'은 그렇게 탄생했다. 스스로를 '걷는 자'라고 말한 장자크 루소는 걷기를 의도적으로 치러야 하는 문화적 행위로 봤다. 그는 도보로 혼자 여행하면서 자신의 이론을 발전시켰다. 괴테도 새로운 아이디어가 필요할 때면 산책을 했다고 한다.

정신분석학자 프로이드의 『꿈의 해석』은 그가 넓은 들판에서 전나무 숲이 우거진 산길로 들어가다가 그 길목에서 문득 아이디어를 얻어 쓰게 되었다고 친구에게 보낸 편지에서 밝히고 있다. 뉴턴이 시골길을 걷다가 우연히 사과나무에서 사과가 떨어지는 것을 보고 '만유인력의 법칙'을 발견했다는 일화는 너무도 유명하다.

멋진 아이디어는 도서관이나 연구실에서만 나오는 것이 아니다. 진짜 아이디어는 산책을 하다가, 여행을 하다가 우연히 떠오르는 경우가 많다. 산책이나 여행은 언어 논리적 체계가 아닌 이미지를 떠올리게 한다. 당연히 우뇌를 자극하여 창의적 사고를 유도하게 된다. 따라서 창의적인 아이디어를 끄집어내기 위해서는 책상에서 머리를 짜내기보다는 신선한 공기를 마시며 산책을 하는 것이 더 도움이 된다.

걷다보면 아름다운 풍경, 사람들이 살아가는 모습, 정겨운 오솔길이 눈으로 들어온다. 걷기는 뇌에 혈액과 산소를 원활하게 공급한다. 또 사유와 영감을 불어넣는다.

한번쯤은 걸으면서 하늘을 우러러보자. 끝없는 세상을 느끼며 심호흡을 해보자. 내가 이 세상의 일부라는 것을 느껴보자. 우리는 민족중흥의 역사적 사명을 띠고 이 땅에 태어난 것이 아니다. 세상을 느끼기 위해 이 땅에 태어났다.

힘든 일 때문에 부담을 느끼거나 의욕을 상실하게 되면 고개를 들어 하늘을 우러러보라. 살아 있는 것이 얼마나 기쁜지 느껴보라. 안네 프랑크는 햇빛과 구름 한 점 없는 하늘이 있는 한 불행할 수 없다고 했다.

나는 오래된 공기를 내 몸 밖으로 내보내기 위해 매일 아침 다락

방으로 간다. 나는 마루에 앉아 푸른 하늘과 벌거벗은 밤나무를 쳐다본다. 밤나무 가지 위에는 빗방울이 은빛처럼 반짝인다. 갈매기들이 바람을 타고 미끄러지듯 지나간다. 이 햇빛과 구름 한 점 없는 하늘이 존재하는 한 나는 불행할 수 없다.

안네 프랑크는 나치의 유대인 박해로 2년이나 다락방에 은신하면서 살다 결국 강제수용소에서 장티푸스로 사망했다. 13세의 소녀는 외로운 사람에게 가장 좋은 일은 밖으로 나가는 것이라고 생각했다. 다락방에 숨어 살 수밖에 없었기에 밖으로 나갈 수 있는 자유가 그리웠을 것이다.

실제로 산책과 햇빛은 우울증 치료에 많은 도움을 준다고 한다. 북유럽 사람들은 일조량이 모자라기 때문에 틈만 나면 야외에 침대나 의자를 놓고 일광욕을 즐긴다. 추위와 햇빛 부족에서 오는 우울증을 막으려는 처절한 몸부림이다.

사무실이나 연구실에만 갇혀 있는 것은 인간만이 할 수 있는 부자연스런 행위다. 우리 속의 동물조차도 잠자는 시간 외에는 가만히 있지 않고 이리저리 움직인다. 실내에만 있지 말고 밖으로 나가라. 그리고 세상을 느껴라.

뭇사람들이 오고가는 거리에 스며들어보고, 자연 속의 풀 향기에 취해도 보면서 강아지를 풀어놓듯 생각을 풀어놓아라. 몸과 마음이 경쾌해져 즐거운 상상이 허공에서 노닐 것이다. 그런 다음 사무실에 들어가서 하던 일을 다시 들여다보라. 혹시 다른 것이 보이지 않을까. 아리스토텔레스나 칸트처럼 말이다.

서른일곱.
매일 밖에 나가서 힘차게 걸어라

걷기는 심신의 건강은 물론 체중 감량에도 탁월한 효과를 발휘한다. 비만의 원인인 지방을 없애는 데 걷기만큼 좋은 운동은 없다. 걷기만 하는데 살이 쑥쑥 빠진다면 믿기 어려울 것이다. 한 여성 직장인이 자신의 다이어트 체험담을 털어놓았다.

대학 졸업 때 체중은 70킬로그램. 172센티미터 키를 생각하면 그럭저럭 괜찮은 몸매였다. 그러나 직장에 다니면서 상황이 180도 바뀌었다. 부서 회식이니 뭐니 해서 이어지는 술자리와 저녁의 과식에는 장사 없다. 직장 생활 3년 만에 80킬로그램으로 불어났다. 운동? 전혀 안 했다. 지난해 말 '이주일 금연신드롬'을 탄답시고 담배까지 끊었다. 체중계 바늘이 82킬로그램에 멈춰 섰다. 처음엔 고장이 난 줄 알았다. 후덕해 보여 마음에 든다는 덕담(?)까지 들었다. 수차례 다이어트를 결심했다. 몇 번에 걸쳐 저녁도 굶어봤다. 그러나 번번이 실패. 1~2킬로그램 빠지는 둥 마는 둥 하다 다시 돌아왔다.

마지막 대안이 걷기였다. 결론부터 말하면 8월 한 달 만에 5킬로그램 이상 감량. 퇴근 뒤 헬스클럽이나 집 근처 운동장에서 무조건 걸었다. 퇴근이 아무리 늦어져도 30분 이상은 반드시 걷기를 실천했다. 어떤 날은 자정이 넘어서까지 걸었다. 그냥 걷기 심심할 때면 음악이나 영어 방송을 들었다. 걷기 두 달째인 요즘 73킬로그램 주변을 오간다. 체중 감량 대성공! 이제는 대학 시절의 몸무게로 돌아갈 꿈에 부풀어 있다.

그녀는 걸으면서 영어 공부도 했으니 일거양득인 셈이다. 체지방 감량에는 달리기보다 걷기가 더 효과적이다. 조깅이나 줄넘기 같은 격렬한 운동은 힘들어서 땀이 나므로 운동을 했다는 기분은 들지만 지방을 줄이는 데는 별로 효과가 없다. 칼도 서서히 담금질해야 명검이 되듯이 운동의 강도도 적절해야 한다. 강도를 갑자기 높이면 오히려 부작용을 초래할 수 있다.

옛날 무협지의 전형적 스토리가 떠오른다. 어릴 적에 원수에게 부모를 잃은 아이가 산에 들어가 도사로부터 무술 수업을 받는다. 그런데 도사는 검술을 가르쳐줄 생각은 하지 않고 물 긷는 것, 나무하는 것, 빨래하는 것 등 허드렛일만 시킨다. 사실 도사는 제자에게 기초 체력을 서서히 길러주고 있었던 것이다. 검술은 기초 체력이 바탕이 된 이후의 문제다. 명검은 서서히 담금질을 해야 만들어진다. 명검이든, 명검객이든, 명스포츠맨이든, 명공부쟁이든 명품은 서서히 만들어진다. 몸 만들기도 당연히 서서히 해야 한다.

지방을 연소하려면 충분한 산소가 필요하다. 숨이 찰 정도로 뛰면 산소 공급이 원활하지 못해 지방 연소 효과가 떨어진다. 그래서 운동의 강도가 세면 탄수화물이 많이 연소되고 강도가 적당하면 지방이 연소된다. 지방을 태우려면 적어도 30분 이상 걸어야 한다. 지방이 에너지원으로 사용되는 것은 운동을 시작한 지 20분 지난 뒤부터다. 처음에는 30분 이상 걷다가 조금씩 시간을 늘려 한 번에 한 시간 정도 걷는 게 바람직하다.

터벅터벅 산책하듯이 걸어서는 곤란하다. 약간 빠르다는 생각이 들 정도의 속도로 걸어야 한다. 초보자는 1분에 90미터, 중급자 이상은 1분에 100미터 이상의 속도가 적당하다고 한다. '걷기 다이어트'의 장점으로 식욕을 줄일 수 있다는 점을 들 수 있다. 과격한 운동은 식욕을 돋우지만 적당한 걷기는 오히려 억제한다는 연구 결과가 있다. 30분에서 한 시간 정도, 걸음걸이는 약간 빠르고 힘차게! 걷기 다이어트가 당신의 몸매를 바꾼다.

요즘 서울의 한강 둔치나 아파트 부근의 공원, 학교 운동장 등에는 '뚜벅이족'들로 넘친다. 걷기가 운동 중에서 가장 안전한 유산소 운동이란 사실이 널리 알려지면서 걷기 운동 열풍이 일고 있는 것이다. 이제 걷기 운동 전문가까지 나오고 있다. 걷는 장소와 시간을 정하는 것도 좋지만 생활 속에서 걷기를 실천하는 것이 더 중요하다.

만약 자신이 사는 집이 지하철역이나 버스 정거장에서 30분 정도 걷는 거리에 있다면 멋진 웰빙 하우스라고 할 수 있다. 역세권 아파트가 아니라고 실망하기보다는 오히려 고마워해야 한다. 생활 속에서 걷기를 자연스럽게 실천할 수 있는 여건이 형성돼 있기 때문이다. 짐이 많거나 비가 오는 등 특별한 경우가 아니라면 마을버스를 타지 말라. 마을버스를 기다리는 시간, 타고 내리는 시간 등을 감안하면 크게 시간이 절약되는 것도 아니다. 불행히도 역세권 아파트에 살고 있다면 지하철 한 정거장 전후에 내려서 걸어가자.

걷기는 장비가 필요 없어 비용이 들지 않는다. 자갈밭, 모래밭,

계단 등 다양한 상태의 길을 무리 없이 지나갈 수 있다. 자동차가 통과할 수 없는 빙판길도 주의만 기울이면 충분히 지나갈 수 있다. 걷기의 장점은 다른 운동과는 달리 마음먹은 자리에서 바로 행할 수 있다는 것이다. 앉아 있는 자리에서 일어나 움직이기만 하면 된다. 걷기는 인간의 본능적 욕구다. 원래 인간은 걷도록 프로그램화 되어 있는 동물이다.

하루 3만 보를 걷는 것으로 알려진 마사이족은 다른 운동을 하지 않는데도 지구상의 어느 종족보다 건강하다.

'걷기 박사'로 알려진 성기홍 박사는 과학적으로 걷는 것이 중요하다고 강조한다. '530', 즉 일주일에 5일, 30분 이상 걸으라고 권한다. 속도는 평소 걸음보다 조금 빠르게 걷는 것이 좋다고 한다. 조깅보다는 느리지만 일반적인 걷기보다는 약간 빠르게 걷는 것이 좋다는 것이다.

배와 엉덩이 근육에 힘을 주고 허리를 편다. 어깨에 힘을 빼고 팔을 90도 구부려 앞뒤로 크게 휘저으며 약간 빠르게 걸으면 운동 효과가 2배나 높다고 한다. 마사이족은 그런 식으로 하루 3만 보씩 '파워워킹'을 한다. 그래서 그런지 육식을 위주로 하는 마사이족의 콜레스테롤 수치가 서구인의 3분의 1밖에 되지 않는다고 한다. 마사이족에게 허리디스크나 목디스크는 있을 수 없다.

바른 걸음걸이가 신체의 균형도 잡아준다. 디스크가 있거나 오십견이 있는 사람은 병원에 가기에 앞서 바른 걸음으로 힘차게 걷는 일부터 먼저 할 일이다.

서른여덟.
등산은
만병통치약이다

1 단전호흡수련자, 2 무술인, 3 음악가, 4 나무꾼

이 넷 중에서 누가 정력이 가장 셀까? 이들을 상대로 조사해본 결과 4, 3, 2, 1의 순으로 정력이 세다는 결과가 나왔다고 한다. 단전호흡이나 무술은 일상생활 속에서 늘 행할 수 없다. 그러나 나무꾼은 항상 지게를 지고 산을 오르내린다.

옛날에 우리 할아버지들이 봇짐을 지고 장에 간 동안 할머니들은 손자를 업고 동네를 돌아다녔다. 이렇듯 한국 문화는 '등짐 문화'였다. 등짐을 지고 걸어 다니는 것은 훌륭한 유산소 운동이다. 나무꾼은 산에서 등짐을 지고 몸의 균형을 유지하며 이동한다. 유산소 운동으로 혈액 순환이 좋아져 자연히 '그것'도 왕성해지지 않을 수 없을 것이다. 평강공주가 나무꾼인 바보 온달에

게 시집을 가겠다고 고집한 이유를 알 만하다. '나무꾼과 선녀' 이야기는 절륜한 나무꾼의 애환을 다룬 이야기인지도 모른다.

『누우면 죽고 걸으면 산다』의 저자 김영길 한의사는 스스로 한겨울에 얼음을 깨고 몸을 절반 정도 물속에 담근다고 한다. 그리고 1천 미터가 넘는 방태산을 매일 오르내린다고 한다. 환자가 섣부른 의학 지식을 들먹이면 무조건 돌려보낸다. 암과 간경변으로 시한부 인생을 사는 중환자에게 장화 신고 배낭을 짊어진 채 산속을 걷게 하고 앉아 있을 힘도 없는데 장작을 패게 한다. 당뇨, 디스크, 비만증은 감기만큼 쉽게 고칠 수 있어 병이라고 여기지도 않는다고 한다.

그런 그에게 H그룹의 K 과장이 방태산으로 왔다. 남들보다 몇 년 빨리 과장으로 승진된 K 과장은 부장 승진을 눈앞에 두고 있었다. 전도양양한 K 과장이 언제부터인지 심한 피로에 시달리기 시작했다. 회사의 정기 종합 검진에서는 '이상 없음'이라는 진단이 나왔지만 극심한 피로감으로 판단력과 기억력조차 흐려졌다. 30대 초반인 부인의 왕성한 체력에 맞춰 부부생활을 하는 것도 부담스러웠다. 결국 K 과장 부부는 30대에 섹스리스 커플이 된 것이다. K 과장은 심한 우울증을 겪게 되고 급기야 유서를 써놓고 자살할 결심까지 하게 된다.

인생의 마지막 휴가를 얻어 찾아온 K 과장에게 김영길 씨는 기왕 죽을 목숨이니 자신의 말을 따르라고 했다. 그는 K 과장을 심마니의 심부름꾼으로 딸려 보냈다.

심마니들은 장기간 산을 다니기 때문에 가급적 짐을 줄인다. 무거운 텐트 대신 비닐을 가지고 다닌다. 나뭇가지로 기둥을 세우고 벽과 지붕을 비닐로 씌운다. 바닥은 낙엽을 긁어모아 두껍게 깐다. 고산지대에는 밤에 기온이 떨어져 매우 춥지만 비닐, 낙엽, 나뭇가지로 만든 훌륭한 집이 추위를 견디게 만든다. 음식은 쌀, 소금, 고추장 정도로 간단히 준비하고 산에서 구한 약초와 나물을 부식으로 사용한다. 심마니의 심부름꾼 노릇을 했던 K 과장은 보름이 지난 뒤 전혀 딴 사람이 되었다. 그는 평소에 입맛이 없어 거들떠보지도 않던 삼겹살을 두 근씩 먹고 동네의 뚱뚱한 여자들이 미스코리아처럼 보인다고 너스레를 떨었다고 한다.

K 과장의 눈에는 험한 산을 오르내리는 심마니들이 구도자처럼 보였을 것이다. 구도자란 큰 뜻을 좇는 사람이 아니라 주어진 환경에서 묵묵히 최선을 다하며 심신을 다지는 사람은 아닐까.

우리가 나무꾼이나 심마니처럼 매일 산을 오르내릴 수는 없지만, 주말에 특별한 일이 없다면 근처에 있는 산에 올라보자. 등산은 한 차원 높은 또 다른 걷기 운동이다.

등산을 할 때의 요령은 너무 힘들지 않게 가끔 쉬기도 하면서 자신의 페이스대로 산을 타는 것이다. 길거리에서는 몇 시간을 못 걷지만 산에서는 하루 종일 걸을 수 있다. 숲 속에 들어가면 상큼하고 시원한 숲 특유의 냄새가 난다. 나뭇잎은 끊임없이 산소를 내뿜으면서 '피톤치드'라는 물질도 함께 내뿜는다. 이 물질은 병균을 죽여 몸을 깨끗이 해준다. 이 물질을 피부로 받아들이면 피부도 젊어진다고 한다. 피부의 곰팡이 균을 죽이기 때문이다. 숲 속에서 피부로 산소와 피톤치드를 받아들이는 것을 산림욕이라고 한다. 등산은 산림욕과 걷기 운동을 결합한 가장 이상적인 운동이다.

산에서 생활할 때 우리 몸에 어떤 변화가 일어나는지를 확인하기 위해 'SBS 스페셜'이 도시의 직장인들을 대상으로 산에서 2박 3일 동안 머물게 한 뒤 체험 전후의 몸의 변화를 분석했다. 실험 후 직장인들의 NK세포 자연살해세포. 일명 '암 잡는 특공대'라고 불리는 면역세포의 농도가 25퍼센트나 증가했다.

산에서 암을 이겨냈다는 주인공 4명의 혈액을 분석한 결과는 더욱 놀라웠다. 실험 대상 직장인이 2박 3일 동안 산 체험을 함으로써 증가한 NK세포 수보다 산에서 암을 극복한 4명의 NK세포 수가 4배나 많았던 것이다.

암을 잡는 면역세포인 NK세포 수를 증가시키거나 활동성을 강화시키는 데는 산속의 풍부한 피톤치드, 음이온, 산소 등이 큰 역할을 한다. 산속의 생활이 운동량은 증가시키고 스트레스는 감소시키는 것도 인체의 면역 작용을 높인다.

서른아홉.
100세까지
젊게 사는 건강 비결

미국 뉴욕주립대SUNY 의대 학장인 마이클 로이진 교수는 최근 출간한 『생체 나이 고치기 The Real Age Makeover』를 통해 '달력 나이'가 아닌 '생체生體·몸 나이'에 대한 수치를 밝혔다. 젊어지는 방법들과 그 방법을 실천했을 때 젊어질 수 있는 연수를 제시한 것이다.

그는 생물학적 건강 상태가 주민등록상의 '달력 나이'와 다르다는 점을 강조하기 위해 '생체 나이'라는 개념을 도입했다. 그가 개발한 '생체 나이 테스트'는 전 세계적으로 널리 사용되는 건강 평가 프로그램이다. 로이진 교수는 의학적 관점에서 생체 나이가 진짜 나이real age라고 본다.

완벽한 생활이란 어차피 불가능하다. 살아 있다는 것 자체에 일종의 소비 개념을 적용시킬 수 있다. 그런 관점에서 인간은 의

학적 내구연한이 있다. 그런데 천수를 누리지 못하고 단명하는 이가 있는가 하면 자기 관리를 통해 장수하는 이도 있다. 음식, 운동, 수면 등 생활 습관에 따라 인간의 실제 수명은 가감될 수 있을 것이다. 몸과 마음이 젊어지는 비법이 무엇인지 우리에게 와 닿는 것을 중심으로 정리해 보았다.

1. 35세 이상 남자와 40세 이상 여자는 하루 한 알325mg 아스피린을 복용하면 90일 이내에 0.9년 젊어지고, 3년 이내에 2.2년 젊어진다.
2. 비타민을 복용하라. 다만 비타민 C, 엽산, 칼슘, 마그네슘 외에 불필요한 비타민과 보충제를 복용하면 1.7년 늙는다.
3. 치아 관리를 통해 입 냄새를 없애면 최고 6.4년 젊어진다.
4. 커피가 몸에 맞으면 즐겨라. 가능한 설탕은 자제하라. 0.3년 젊어진다.
5. 충분한 햇빛을 받으면 1.7년 젊어진다.
6. 담배를 끊어라. 하루 1갑 흡연하면 8년 늙는다.
7. 섹스를 즐겨라. 한 파트너와 연간 116회 이상 섹스를 하면 1.6~8년 젊어진다.
8. 매일 여성은 0.5~1잔, 남성은 1~2잔 술을 마시면 1.9년

젊어진다.

9. 매일 아침 식사를 하면 1.1년 젊어진다.
10. 포화지방과 트랜스지방을 피하면 4년 젊어진다.
11. 호두, 아몬드, 땅콩 등 견과류를 상식하면 1.8년 젊어진다.
12. 하루에 5회 과일을 먹으면 1.4년 젊어지고, 신선한 야채를 매일 4~5회 먹으면 2~5년 젊어진다.
13. 튀기지 않은 생선을 주 3회 먹으면 최고 3년 젊어진다.
14. 정제하지 않은 곡물을 먹으면 남자는 1.2년, 여자는 2.3년 젊어진다.
15. 일정한 시간에 적정 숙면을 취하면 3년 젊어진다.
16. 규칙적으로 운동하여 1주일에 3500킬로칼로리 이상의 에너지를 소비하면 3.4년 젊어진다.
17. 암 조기 증상에 경각심을 갖고 자신의 건강을 점검하면 12년 젊어진다.
18. 혈압은 낮게 유지하라. 혈압이 115/76mmHg이면 10~15년 젊어지고, 140/90mmHg이면 10~15년 늙는다.
19. 적정 체중을 유지하면 6년 젊어진다.
20. 스트레스를 줄여라. 큰 스트레스를 받았을 때 해소할 방법이 없으면 30~32년 늙는다.

금연하고, 술을 적당히 마시고, 과일과 생선을 많이 먹으면 건강에 좋다는 것은 누구나 다 알고 있는 건강 수칙이다. 로이진 교수의 연구에서 특이한 점은 음식, 약, 운동뿐 아니라 정신적 건강까지 수치화했다는 것이다. 정신적 건강은 바람직한 습관에서 비롯된다고 볼 수 있다.

1. 많이 웃으면 8년까지 젊어진다.

15초 웃으면 이틀 더 수명이 연장된다. 유머를 통한 웃음은 건강과 장수를 얻을 수 있도록 해준다. 웃음은 소화액 분비를 촉진시켜 식욕을 돋운다. 또한 스트레스를 풀어주기도 하고 면역력을 향상시켜 질병을 예방하기도 한다. 웃음은 부작용 없는 자연 치유제다.

현대 의학에서도 웃음만 한 약이 없다고 보고 있다. 의사들은 '억지로라도 웃는 연습을 하라'고 권한다. 한 번 웃는 것은 에어로빅을 5분 정도 하는 효과와 비슷하다고 한다. 유쾌하게 한 번 웃을 때 우리 몸속의 근육 650개 중 무려 231개가 움직인다고 하니 그럴 만도 하다. '웃으면 복이 와요', '한 번 웃으면 한 번 젊어진다'라는 옛 속담은 일리가 있는 말이다.

2. 평생 배우는 자세를 유지하면 2.5년 젊어진다.

아르키메데스가 목욕탕에서 부력의 원리를 발견한 후 너무 기쁜 나머지 맨몸으로 뛰쳐나오면서 "유레카알았다. 찾았다!"라고 외쳤다고 한다. 발견과 배움의 기쁨은 이루 말할 수 없을 것이다. 배우는 것은 젊어지는 것인데 왜 요즘 학생들은 불행할까. 요즘의 교육은 발견하는 교육이 아니라 주입하는 교육이기 때문이다.

3. 감사하는 마음을 지니면 최소 6년 이상 젊어진다.

감사하는 태도는 건강은 물론 성공도 가져다준다. 만약 좀처럼 성공할 수 없다고 고심하는 사람은 매사에 '감사합니다'라고 말하는 습관을 붙여보자. 그렇게 하면 자신을 성공하도록 도와주는 사람이 나타날 것이다. 감사하는 마음은 성공으로 가는 준비 작업이다. 불평보다 감사하는 마음이 여러 가지로 이익을 가져다준다. 내가 이 자리에 있는 것은 주변 사람들과 그들이 이뤄 놓은 것에 힘입은 바 크다. 그러니 어찌 감사하지 않을 수 있겠는가.

4. 매일 친구와 전화 통화를 하면 8년 젊어지고 사람들과 사회적 네트워크를 구축하면 20~30년 젊어진다.

필자의 친구 중에 거의 매일 나에게 전화하는 친구가 있다. 자신의 사업 이야기를 일일이 보고한다고 말하는 것이 더 정확한 표현일 것이다. 그는 사업상의 스트레스를 전화 통화로 풀고 있는 것이다. 친구의 이야기를 들어주면서 맞장구를 치면 친구보다 더 젊어진다. 스트레스를 받고 있는 친구를 방문해 위로하라. 스트레스를 받고 있을 때 친구를 피하면 8년 늙게 되고, 스트레스를 받고 있는 친구를 방문해 위로하면 당신이 8년 젊어진다.

5. 재정적인 어려움을 겪으면 8년 늙는다.

서양 격언에 재산을 잃는 것은 조금 잃는 것이고, 명예를 잃는 것은 많이 잃는 것이며, 건강을 잃는 것은 전부를 잃는 것이라는 말이 있다. 오히려 그 반대가 아닐까. 현대 사회에서 돈이 없으면 명예를 지킬 수 없을 뿐 아니라 건강도 지킬 수 없다. 70년대 '얄개 시리즈'의 주역으로 이름을 날렸던 손모 씨가 쓸쓸히 적십자 병원에서 사망했다. 자신이 감독, 주연, 시나리오까지 맡아 제작했던 『동경 아리랑』이 실패한 후 건강이 악화된 것이다. 그는 행려병자 생활을 하다 적십자 병원에서 세상을 떠났다. 그를 죽음으로 몰고 간 것은 결국 재정적 어려움 때문은 아니었을까. 한 가지에 올인하는 것은 재정적인 리스크를 자초하는 것일 뿐 아니라 생명까지 단축시킬 수 있다. 올인을 하게 되면 평상심도 잃어버릴 수밖에 없을 것이다.

영원히 젊어지는 방법을 담은 미국의 교육가 새뮤얼 얼만의 산문시 「청춘」을 소개한다. 젊음이란 육체의 나이가 아니라 마음의 상태에 있다고 노래한 얼만의 산문시는 디어 애비Dear Abby와 앤 랜더즈Ann Landers 칼럼에 자주 인용돼 널리 알려졌다. 청춘을 영원히 붙잡아 둔다면 여든이라 할지라도 젊은이 못지않은 건강을 유지할 수 있을 것이다.

젊음은 인생의 시기가 아니라 마음의 상태다. 젊음은 장밋빛 볼, 붉은 입술, 유연한 무릎의 문제가 아니라 의지, 탁월한 상상력, 활력에 찬 감정의 문제다. 젊음은 삶의 깊은 샘에서 솟아나는 신선함이다.

젊음이란 소심하기보다 용기가 넘치고, 안이함을 추구하기보다 모험의 욕구가 넘치는 것. 젊음은 스무 살 청년에게만 있는 건 아니다. 예순의 노인에게도 젊음은 있다. 나이 먹는 것만으로 늙는 사람은 아무도 없다. 우리는 열정을 잃어버림으로써 늙어간다.

세월은 피부를 주름지게 하지만 열정을 포기하면 정신에 주름이 생긴다. 걱정, 두려움, 자기 불신이 정신을 흙으로 되돌린다.

예순이든 열여섯이든 인간의 가슴에는 저마다 경이로움에 대한 유혹, 미래에 대한 꺼지지 않는 순수한 열정, 삶의 게임에 대한 즐거움이 있다. 당신과 나의 가슴 한가운데에는 하나의 무선전신국이 있다. 그것이 사람들로부터 신으로부터 아름다움, 희망, 활기, 용기, 힘의 메시지를 수신하는 한 당신은 영원히 젊으리라.

안테나가 내려지고, 당신의 정신이 냉소의 눈과 염세厭世의 얼음으로 뒤덮이면, 당신이 스무 살이라 할지라도 늙었다 할 것이나, 당신의 안테나가 솟아올라 낙관의 전파를 붙잡는다면 당신이 여든이라 할지라도 젊은 상태로 죽을 수 있으리라.

성공 속도를 높이는 시간 관리

술, 영화, 춤, 사랑 등 행복한 기분을 느끼게 만드는 것들은
대개 밤에 이루어진다. 행복을 뒤로 한 채
일찍 자고 일찍 일어나기만 한다면 사는 의미가 무엇 일까.
디오니소스적인 쾌락의 요소가 없다면 인생은 무미건조해진다.
때로는 약간의 일탈도 허용해 볼 일이다.

가장 바쁜 사람이 가장 많은 시간을 갖는다.
부지런히 노력하는 사람이 결국 많은 대가를 얻는다.
- 알렉산드리아 피네

마흔.
성공하려면
아침 일찍 일어나라

　　　　　　미국에서는 좋은 차를 탄 사람 순서대로 출근한다는 말이 있다. 빌 게이츠는 새벽 3시에 기상하고 잭 웰치 전 GE회장은 아침 7시 30분이면 업무를 시작했다. 고 정주영 현대그룹 명예 회장은 새벽 3시에 일어나 해 뜨기를 학수고대했다고 한다. 우리나라 100대 기업 CEO들의 평균 기상 시간은 5시 54분이다.

　24시간 편의점, TV, 인터넷, 쇼핑몰…… 밤의 유혹으로 현대인들의 아침은 점점 늦어지고 있다. 야행성 생활로 인해 무기력한 아침을 맞고 무기력한 하루를 보낸다. 아침형 인간이 되려면 우선 야행성 생활로부터 벗어나야 한다. 상습적 야근, 음주, TV 시청 등은 피해야 한다.

　수면 시간은 하루 24시간의 3분의 1인 8시간이 적당하다고 한다. 그러나 수면 관리를 잘하면 6시간도 부족하지 않다. 사람의 체온이 가장 낮을 때인 새벽 2시에서 4시 사이에는 수면을 취하고 있는 것이 바람직하다. 따라서 밤 11시 취침, 아침 6시 기상이 가장 많이 권장되고 있다. 낮잠이 올 경우에는 30분 이내에 끝내고 초저녁잠은 가능한 자서는 안 된다. 초저녁에 잠을 자면 밤에 잠이 안 오기 때문이다.

아침 식사는 하루에 필요한 에너지의 상당 부분을 충전한다는 생각으로 충분히 하는 것이 좋다. 아침 식사를 하는 학생이 그렇지 않은 학생에 비해 높은 학업 성과를 올린다는 것은 잘 알려진 사실이다. 아침 식사는 뇌의 활동에 절대적인 영향을 미치기 때문이다.

아침 식사를 위해 전날 저녁 9시 이후에는 간식조차 금하는 것이 좋다. 다이어트를 위해서도 저녁 간식은 금물이다. 저녁에 먹은 음식은 곧바로 살로 간다고 보면 틀림없다. 저녁 늦게 음식을 먹지만 않아도 누구나 날씬해질 수 있다.

아침에 눈을 뜨면 과감히 이불부터 걷어차라. 그런 다음 손으로 뺨, 눈 주변, 인중, 귀 밑, 턱의 순서로 골고루 비벼서 뇌에 충분한 혈액을 공급하도록 하자. 기상하는 것이 훨씬 수월해질 것이다.

아침형 인간과 야간형 인간은 서로 장단점이 있지만 아침형 인간의 시간 관리가 효율성이 더 높은 것은 사실이다. 인체의 리듬으로 볼 때 아침 시간이 저녁 시간보다 더 집중이 잘 된다.

잠에서 깨어난 후 한 시간이 지나면 두뇌 활동이 가장 활발해진다. 아침 5시에 기상한다면 6시에서 8시 사이가 두뇌 활동이 가장 활발한 시간이다. 이때 집중력을 요하는 일을 단숨에 처리하는 것이 좋다. 어떤 사람은 집중력과 판단력이 3배 이상 높아진다고 말한다. 개인차는 있겠지만 이 시간대가 두뇌의 황금 시간대인 것만은 틀림없다. 학창 시절을 돌이켜볼 때 공부를 잘하는 학생들의 습관 중 하나가 아침 자습 시간을 잘 활용한다는 것이다. 물론 공부 못하는 학생들은 그 시간에 분명히 빈둥거리고 있을 것이다.

일본의 100세 이상 노인 중 90퍼센트가 저녁 9시경에 잠이 들고 오전 4, 5시경에 일어난다고 한다. 건강하게 장수하는 사람들의 대부분은 아침형 인간이다. 아침형 인간은 건강과 시간의 지배자가 된다. 강철왕 앤드루 카네기는 아침잠을 인생에서 가장 큰 지출이라고 말했다.

마흔 하나.
자신에게 맞는
시간의 리듬을 만들라

아침형 인간은 야간형 인간에 비해 장점이 많다. 그러면 야간형 인간은 과연 자신의 패턴을 버려야 할까. 사람마다 체질이 다르듯 시간 리듬도 다르게 적용시켜야 하지 않을까. 자신의 인생 설계를 위해 야간형 생활을 할 수밖에 없는 사람도 있을 것이다.

밤 12시에서 새벽 4시 사이에는 수면을 취하고 있는 것이 좋다는 것이 정설로 되어 있다. 호르몬의 분비가 일출과 일몰의 영향을 받는다는 것이 그 이유다. 그래서 가장 이상적인 취침 시간과 기상 시간을 저녁 11시, 아침 6시로 간주하고 있다. 한국의 군인들은 저녁 10시에 취침하고 아침 6시에 기상한다. 돌아가며 불침번을 서는 것을 감안한다면 군인들은 7시간의 수면을 취하고 있는 셈이다.

아침형 인간들은 1시에 자고 8시에 일어난다든지, 2시에 자고 9시에 일어나는 것은 문제가 있다는 식으로 바라본다. 사람의 체온이 가장 낮을 때인 새벽 2시에서 4시 사이에는 수면을 취하고 있는 것이 바람직하다는 것은 인체생리학적으로 검증된 사실이다. 이를 근거로 한다면 저녁 11시 취침, 아침 6시 기상이 이상적이지만, 2시 취침 9시 기상도 차선으로 선택할 수는 있다. 아침형이니, 야간형이니 논란이 많지만 두 인간형의 기상 시간의 차이는 2, 3시간 정도에 불과하다. 그 정도면 신체 리듬에 큰 영향을 미치지는 않는다.

하지와 동지는 일출 시간과 일몰 시간에서 각각 두 시간 정도 차이가 난다. 해가 떠 있는 낮의 길이는 4시간까지 차이가 나는 셈이다. 자연조차도 기상과 취침을 유연하게 취하는데 인간은 자신의 리듬을 무시하고 기계에 불과한 시계에 자신의 몸을 억지로 맡긴다.

아침형 인간이 효율적인 시간 관리를 한다는 것은 사실이다. 그렇다 해도 자신의 생활 습관과 환경을 무시한 채 아침형 인간이 되어야 한디고 강요할 수는 없다.

야간형 인간은 생각하고 몰두하기를 좋아한다. 낮 동안의 번잡한 세계에서 벗어나 자신만의 시간과 공간을 가지고 싶어한다.

반면에 아침형 인간은 생각하고 몰두하기보다 과감하게 행동하는 타입이다.

오늘날은 농경 사회도 산업 사회도 아닌 정보화 사회다. 아침형 인간은 기본적으로 해가 지면 자고 해가 뜨면 일어난다. 농어촌에서는 아침 일찍 일어나 태양이 떠오르기 전에 작업 준비를 한 다음 본격적으로 일을 시작하는 것이 일반적이었다. 해가 떠 있는 동안 작업을 하는 것이 경제적이고 효과가 큰 것은 당연하다. 따라서 농경 사회와 산업 사회에서는 '일찍 일어난 새가 벌레를 많이 잡는다'는 격언이 맞다.

야간형 인간에 대한 부정적인 시선은 농경 사회와 산업 사회에서나 볼 수 있는 시간관념의 편견일 수도 있다. 생활 패턴은 성장 환경, 직업 등에 따라 본인의 의사와 무관하게 결정되는 경우가 많다.

다원화된 정보화 시대에는 개인의 수면 시간이 다양한 것은 당연한 것이다. 나의 신체 리듬을 파괴하면서까지 나에게 맞지 않는 수면 형태에 적응하려고 자신을 희생할 필요까지는 없다.

더구나 육체적으로나 정신적으로나 슬로 스타트형인 소음인과 태음인에게 아침 운동이나 아침 작업의 경우 자칫 잘못하면 해가 될 수도 있다고 한다. 특히 태음인은 몸이 늦게 풀린다. 동양인의 경우 태음인과 소음인이 70퍼센트를 차지하고 있다. 구체적으로 태음인은 50퍼센트, 소음인은 20퍼센트 정도다. 소양인이 30퍼센트 정도로 알려져 있다. 물론 정확하게 체질이 구분되는 사람도 있지만 어느 특정한 체질이 약간 더 강하게 발현되는 경계형 체질도 있고 신체 상황에 따라 체질이 바뀔 수도 있다.

야간형 인간의 입장에서 보면 아침형 인간이 안타깝게 여겨질 수도 있다. 인간이 사는 목적은 행복하기 위해서다. 술, 영화, 춤, 사랑 등 행복한 기분을 느끼게 만드는 것들은 대개 밤에 이루어진다. 행복을 뒤로 한 채 일찍 자고 일찍 일어나기만 한다면 산다는 게 무슨 의미가 있을까. 살면서 디오니소스_{그리스신화에 나오는 술의 신}적인 쾌락의 요소가 필요할 때가 있다. 아침형 인간이든 야간형 인간이든 자신의 신체 리듬을 타는 것은 중요하지만 때로는 약간의 일탈도 허용해 볼 일이다.

마흔둘.
게으름은
뇌 기능까지 잠들게 한다

야간형 인간이든 아침형 인간이든 각각의 장단점이 있을 것이다. 요는 시간을 어떻게 효과적으로 활용하는가에 있다. 습관은 형성하기 나름이다. 형성된 습관을 갑자기 바꾸려 하는 것은 마치 곱사등이의 혹이 밉다 하여 단번에 혹을 절제하려는 것과 같다.

대다수 사람들은 출퇴근, 등하교라는 사회제도 때문에 아침 7시에 기상하여 저녁 11시에 잠자리에 든다. 따라서 주변 상황에 따라 자신의 시간을 일치시키는 것이 가장 바람직하다.

수면 시간이 짧은 것으로 유명한 사람이 많은데 그중에서도 가장 유명한 사람은 나폴레옹이다. 그는 하루의 대부분을 전략 회의에 할애했으며 잠은 3시간밖에 자지 않았다고 한다. 그는 '3시간은 근면, 4시간은 상식, 5시간은 태만'이라는 말도 남겼다.

나폴레옹이 정말 3시간만 잤는지에 관한 확증은 없다. 사실 나폴레옹은 낮에 자투리 시간을 이용해 졸았다고 한다. 그러니 3시간밖에 자지 않았다는 이야기는 정확하지는 않은 것 같다.

토머스 에디슨도 수면 시간이 짧았던 것으로 유명하다. 그는 한 번 연구에 몰두하면 2, 3일간 잠을 전혀 자지 않았다. 에디슨은 '잠은 시간의 낭비다'라는 말을 입버릇처럼 반복했다고 한다. 그의 하루 평균 수면 시간은 4시간 정도로 알려져 있다. 에디슨의 수면 시간은 조수나 공동 연구자의 증언이 남아 있으므로 사실일 것이다.

마이크로소프트사 회장 빌 게이츠는 학생 시절에 에디슨처럼 2, 3일은 자지 않고 지낸 적이 자주 있다고 한다. 그런 그에게 친구들은 '잠을 자지 않는 빌Sleepless Bill'이라는 별명까지 지어주었다고 한다.

이건희 회장은 평소에 네다섯 시간의 수면 외에는 자신의 일에 몰입한다고 한다. 신경영을 구상할 때는 잠을 자지 않고 꼬박 48시간을 일한 적도 있었다고 한다.

잠을 자지 않고 일을 오래 한다고 해서 효율성이 낮아지는 것은 아니다. 일에 대한 피로감은 시간에서 오는 것이 아니라 일을 즐기며 몰입하고 있느냐, 그렇지 않느냐에 달렸다. 이기고 있는 도박꾼은 며칠 동안 밤을 새더라도 결코 피곤해 하지 않는 법이다. 즐기고 몰입하며 일하는 사람들 중에서 쓰러졌다는 사람이 있다는 이야기는 듣지 못했다.

천재들이 수면 시간을 줄이며 자신의 일을 즐기는 반면 일반인들은 신체와 뇌 휴식에 필요한 잠보다 더 많은 잠을 자는 경향이 있다. 게으름으로 인한 수면, 즉 타면惰眠은 뇌 기능까지 잠들게 하고 신체의 리듬을 무너뜨려 저항력이 떨어지게 한다. 지나친 수면은 몸의 움직임을 둔하게 해서 세포를 비활성화 상태로 만들기 때문이다.

아침형 인간이니 야간형 인간이니 하는 것은 그다지 중요하지 않다. 진짜 나쁜 것은 게으름으로 인한 수면이다. 타면은 인생의 낭비다. 구체적인 목표가 있으면 활기가 생길 뿐 아니라 목표를 달성하기 위해 매진하게 된다. 그렇게 되면 수면 시간도 자연히 줄어들게 된다.

인생에 목표가 없으면 우리는 불필요한 잠에 빠지게 되는 것이다. 백수가 되면 잠을 많이 자게 된다. 당장 해야 할 일이 없기 때문이다. 통계적으로 무직자는 직업이 있는 사람보다 단명한다. 직업이 있는 사람, 배우자가 있는 사람이 건강하고 오래 사는 것은 우연이 아니다.

마흔셋.
하루에 한 시간
활동 시간을 늘리는 방법

한 시간 활동 시간을 늘리려면 한 시간 더 일해야 하는 걸까. 그러면 과연 활동 시간이 한 시간 더 늘어날까. 수면 시간을 한 시간 줄여서 그 시간에 공부를 하면 남보다 한 시간 더 공부한 것이 될까.

짧은 인생에서 하루의 활동 시간을 한 시간 더 늘리는 것은 한 시간 더 일하거나 공부하는 것을 의미하지는 않는다. 오히려 한 시간 더 쉬어야 한다. 피로를 회복하지 않은 채 계속 일하는 것은 일을 제대로 하지 않는 것이나 마찬가지다. 휴식을 통해 최상의 컨디션을 유지해야만 제대로 일을 할 수 있다. 피로와 걱정을 방지하기 위한 가장 좋은 방법은 자주 쉬는 것이다.

군대에서 행군을 해본 사람은 한 시간에 10분씩 배낭을 내려놓고 휴식을 취하면 더 오랫동안 행군할 수 있다는 사실을 경험으로 알고 있다.

제2차 세계대전 당시 윈스턴 처칠의 나이는 60대 후반에서 70대 초반이었지만 하루에 16시간이나 일하며 영국의 수상으로서 전쟁을 지휘했다. 그는 매일 아침 11시까지는 책상이 아닌 침대에서 보고서를 읽고 필요한 지시를 내렸다. 점심 식사 후에는 30분 동안 낮잠을 잤다. 저녁에도 침대로 가서 잠깐 동안 잠을 청했다. 처칠은 수시로 가장 편안한 휴식을 취했기 때문에 자정이 넘은 시각까지도 원기왕성하게 자신의 일을 할 수 있었다.

나폴레옹 보나파르트는 "천재는 3시간을 자고, 여자는 8시간을 자고, 바보는 9시간을 잔다."고 말했다. 사실 나폴레옹은 '쪽잠의 천재'였다. 피로하면 말 위에서도 잤다고 한다. 끊임없이 이어지는 에디슨의 발명 에너지 역시 자고 싶을 때 쪽잠을 자는 습관 때문에 가능했다.

잠은 저녁에 내리 8시간을 자는 것보다 점심 식사 후 30분 정도 낮잠을 자고 밤에는 7시간을 자는 것이 훨씬 더 효율적이다.

98세까지 장수했던 존 D. 록펠러도 매일 오후 소파에서 30분 동안 낮잠을 잤다. 회의를 할 때는 딱딱한 의자보다는 편안한 소파에서 몸을 쭉 펴고 편한 자세를 취했다. 여러분은 어떤가. 책을 보면서 잔뜩 인상을 쓴 채 두 눈에 힘을 주고 있지는 않은가. 또 어깨는 구부리고 있지 않은가.

우리가 눈 주변 근육의 긴장을 완전히 푸는 것만으로도 잠시나마 걱정을 잊어버리고 자신의 일에 집중할 수 있다. 긴장과 피로는 집중을 흩트릴 뿐이다. 마치 헝겊 인형처럼 신경과 근육을 늘어뜨릴 때만 정신을 집중할 수 있다.

우리의 인생을 늘릴 수 있는 유일한 방법은 수시로 휴식을 취하는 것이다. 쉬는 것에도 기술이 필요하다. 휴식은 아무것도 하지 않는 것이 아니라 에너지를 효율적으로 회복하는 것을 말한다. 가장 효과적인 휴식은 수면이다. 수면에도 기술이 필요하다.

잠을 많이 자는 사람들도 스트레스에 시달리다보면 불면증을 겪게 된다. 불면증은 인생을 낭비하게 하는 가장 큰 적이다. 속 모르는 사람들은 잠 좀 못 잔다고 큰일 날 것이 뭐가 있느냐고 하겠지만 불면증에 시달리는 사람은 그것처럼 괴로운 일이 없다. 많은 사람들이 하루에 8시간 정도는 자야 된다고 생각한다. 5, 6시간만 자도 충분한 사람이 8시간을 자지 못한 것을 불안해하여 불면증에 걸리는 경우도 있다. 불면증을 수면 시간으로 판단하는 것은 무리가 있다.

잠을 자려고 노력해도 충분히 잘 수 없고 수면에 대한 집착 때문에 생활에 지장을 받는다고 생각되면 불면증을 의심해야 한다.

불면증은 신체적인 이유보다 만성적인 스트레스나 심리적인 문제와 더 깊은 관련이 있다. 또 흥분제나 술, 담배 등 약물 복용과도 관련이 있다. 불면증이 심해지면 정서적으로 불안정한 상태에 빠지고, 불면에 대한 공포가 증가하여 밤을 더 무서워하게 된다.

수면에 들어갈 때 우리 뇌파는 베타파에서 알파파로 바뀌어 간다. 알파파는 뇌를 휴식으로 이끄는 뇌파다. 스스로 알파파를 유도해낼 수 있다면 자연스럽게 수면 상태에 빠질 수 있을 것이다.

잠자리에 들어서도 잠이 오지 않는 것은 몸이 각성 상태, 즉 베타파 상태에 있다는 것을 의미한다. 명상과 좌선을 하면 자연스럽게 심신의 이완 상태인 알파파가 형성된다. 보통 명상은 아침에 하는 것으로 알고 있지만 수면 과학적으로 본다면 취침 전에 하는 것이 바람직하다.

명상을 할 때 데일 카네기가 자신의 저서 『자기관리론』에서 제안한 대로 느리게 숨을 쉬면서 자기 최면을 걸어보라. "머리 위에서 해가 비치고 있다. 하늘은 파랗게 반짝인다. 자연은 고요하게 온 세상을 감싸고 있다. 나는 자연의 아기로서 우주와 교감하고 있다."

인간의 체온은 시간에 따라 변화한다. 기상 전후가 가장 낮고 낮에 활동할 때는 점점 올라가다가 취침 직전에 다시 내려간다.

잠자리에 들면 체온이 급격하게 내려가 잠을 자게 되는 것이다. 따라서 쉽게 잠을 자려면 취침 직전에 체온이 급격히 떨어지도록 유도하면 될 것이다.

  체온을 떨어뜨리려면 잠자리에 들기 전에 체온을 약간 올려놓을 필요가 있다. 체온을 올리는 가장 손쉬운 방법은 목욕이다. 미지근한 물에 몸을 푹 담그면 혈관이 확장되어 혈액순환이 좋아지고 혈액의 온도는 일시적으로 상승한다. 목욕을 끝낸 후 20여 분이 지나면 체온이 떨어지기 시작하는데 이때 잠자리에 들면 쉽게 잠이 든다. 고온욕을 하면 교감신경을 자극하여 정신이 또렷해지므로 오히려 잠을 방해할 가능성도 있으므로 주의해야 한다. 운동을 통해 체온을 올린 뒤 20여 분 후 체온이 내려가는 시간대를 이용해 잠자리에 드는 것도 권할 만하다. 운동을 하면 교감신경이 활발해지므로 잠시 기다렸다가 체온이 내려갔을 때 잠자리에 들어야 한다.

생각 속도를 높이는 학습법과 독서법

전체를 먼저 파악하고 그것에 근거해 부분을 이해하는 것이 중요하다.
새가 상공에서 지상을 바라보는 것처럼 조감을 해야 한다.
전체를 파악하고 있으면 개개의 부분이 어떤 관계에 있는지 잘 알 수 있다.

공부해서 무엇에 쓰겠느냐고 묻지 마라.
공부는 해야만 하는 것이 아니라 하지 않을 수 없어 하는 것이다.
사람이 세상에 나서 책을 안 읽고 무슨 일을 하겠느냐?
- 다산 정약용

마흔넷.
오감을 동원한
통합 사고를 하라

옛날의 철학자는 동시에 수학자이자 과학자였다. 피타고라스, 데카르트, 레오나르도 다빈치, 파스칼 등 그 예를 들 수 없을 정도다. 수학과 밀접한 관계를 갖고 있는 논리학은 철학의 한 부분이다. 문학, 심리학, 경제학 등도 논리를 떠나서는 설명할 수 없다. 노벨상 수상자인 커트 고델은 "수학이란 순수 논리를 단어의 치장 없이 나타내는 언어다."라고 했다. 수학은 철학적 명제를 기호로 표시한 학문으로 학문들 간의 호환성이 매우 뛰어나다.

모든 학문은 사실상 같은 뿌리를 가지고 있다. 국어·영어·수학·사회·과학 등은 편의에 따라 나눈 것에 불과하다. 심지어 과학과 문학도 한 갈래의 학문으로 볼 수 있다. 인간을 둘러싸고 있는 세계를 탐구한다는 데 공통점이 있는 것이다. 세상에 대한 감동을 문학은 글로, 과학은 공식으로 표현했을 뿐이다. 문학과 과학은 표현 방식이 다른 것이다. 독일에서는 모든 학문 뒤에 과학이라는 말이 붙는다. 인문 과학, 자연 과학은 물론 문학 과학, 수과학, 역사 과학 등 우리가 이해하기 어려운 학과목 이름도 많다.

일본의 유명한 저술가 다치바나 다카시는 『도쿄대생은 바보가 되었는가』라는 저서를 통해 '엘리트들은 전문화된 천치'라는 독설을 퍼부었다. 학교라는 공장을 통해 주입식으로 교육받은 학생들, 지적 편식에 빠져 전문 분야에만 매달리는 교수들이 바로 그런 '똑똑한 천치'라는 것이다. 그는 자신의 전공뿐 아니라 문·이과라는 구분을 넘어 우주·생명·컴퓨터·철학·문학·역사 등을 다양하게 섭렵하는 '균형형 인간'을 제안한다.

통합 교과를 지향하는 수능 시험은 언어, 수리, 과학탐구, 사회탐구, 외국어 등의 영역으로 나누고 있다. 사실 이 모든 영역을 하나의 영역으로 다루는 시험도 가능하다. 사회 과목은 좋아하면서 수학이나 과학은 싫어한다는 학생이 많다. 모든 과목이 공통된 뿌리를 가지고 있다는 사실을 인식한다면 특정 과목을 싫어한다는 말은 모순이라고 할 수 있다.

통합 교과적 사고방식을 가지면 학교 공부가 게임과 같다는 느낌을 가지게 될 것이다. 교과목들이 서로 얽혀 상호작용을 하는 것은 게임에서 각 요소들이 서로 영향을 주는 것과 비슷하다.

　게임이 재미있다면 공부도 재미있어야 한다. 학교는 놀이터이고 공부는 일종의 놀이다. 공부를 할 때는 교과목의 영역에 대한 경계를 허무는 통합 사고를 해야 한다. 축구 경기에서 성적을 올리기 위해서는 달리기, 차기, 패스 등의 기술을 따로 익히더라도 모든 기능을 하나로 결합시켜야 좋은 성적을 올릴 수 있듯이 학교 시험도 통합 사고를 해야 좋은 성적을 올릴 수 있다. 통합 사고란 문제를 외우기보다 원칙을 생각하는 것이다. 학교 공부에 대한 두려움을 없애려면 모든 학문의 뿌리는 하나라는 점을 깊이 인식해야 한다.

　통합 사고를 하는 요령은 지식이 서로 어떻게 연결되어 있는지 그 연결 구조를 파악하는 것이다. 정보를 꼬리에 꼬리를 물며 이어서 전체적인 그림을 그릴 수 있어야 한다. 연상법, 결부법 등 기억법의 원리는 통합 사고에서 나온다.

　통합적인 그림에서 소리가 들리면 같이 소리를 지르고, 냄새가 나면 냄새를 맡고, 질감을 느끼면 만져보아야 한다. 사람이 가장 빨리 외울 수 있는 것은 소리다. 그 다음은 그림이다. 특히 외국어를 공부할 때는 미친 듯이 큰 소리로 외워야 한다.

　그림을 그리는 것은 꼬리에 꼬리를 물고 이어지는 학습 내용을 하나로 통합시키는 것을 의미한다. 만약 어떤 문학 작품을 공부했다면 작가의 작품과 성장 배경은 어떠한지, 또 작가가 어떤 영향을 받았고 어떤 영향을 주었는지, 작품을 쓴 배경과 시대상은 어떠한지, 주인공의 성격은 어떠한지 마치 그림을 그려나가듯 하나하나 그려나가야 한다.

박지원의 『허생전』을 읽었다고 하자. 박지원은 북학파의 거두로서 『열하일기』라는 청나라 기행문을 남겼다. 그는 청의 문물을 견학한 후 사회 전반에 걸쳐 개혁을 일으킬 것을 주장했다. 『허생전』은 당시 사회의 정치, 경제, 사회의 모순을 풍자하고 있다. 우리는 이 작품에서 다뤄진 매점매석, 양반의 허위의식 풍자, 이상국 건설, 청나라 유학, 허생과 이완 장군의 대화 등을 통해 경제학, 정치학, 외교학, 군사학, 과학, 사회학, 문화 등 학문의 전반에 대해 생각해 볼 수 있을 것이다.

한 주제에 대한 그림은 완성될 수 있는 성격의 것은 아니다. 하나의 그림을 그렸으면 그 그림이 다른 교과 내용을 떠올리게 할 수도 있을 것이다. 그렇게 함으로써 그림에 새로운 요소가 추가되는 것이다. 이렇게 모든 것이 거미줄처럼 이어질 때, 더 넓은 우주의 그림도 그려낼 수 있지 않겠는가. 이처럼 공부는 재미있는 것이다.

마흔다섯.
이해되지 않는 부분은 뛰어넘어라

일반적으로 사람들은 '기초'가 중요하기 때문에 학습의 단계를 밟아서 이해해야 한다고 굳게 믿고 있다. 특히 수학의 경우에 그러한 믿음은 맹신에 가깝다. 영어도 마찬가지다. 발음 규칙을 익히고 영어 단어를 외우고 영문법을 먼저 공부하는 것이 선결 과제인 것처럼 생각한다. 논문을 준비하는 사람들은 대체로 각 부분의 구성 요소를 먼저 완벽하게 정리해야 된다는 강박증을 가지고 있다. 이런 현상은 전체를 이해하기 위해 개개의 구성 요소를 먼저 속속들이 알아야 한다는 생각에서 비롯된 것이다.

전체를 먼저 파악하고 그것에 근거해 부분을 이해하는 것이 중요하다. 새가 상공에서 지상을 바라보는 것처럼 조감을 해야 한다. 위에서 보면 당연히 잘 보인다. 전체를 파악하고 있으면 개개의 부분이 어떤 관계에 있는지 잘 알 수 있다.

독서를 할 때도 마찬가지다. 속독의 기본 원리는 글의 뼈대를 골라서 읽는 것이다. 나무를 본 후 숲을 보기보다는 숲을 본 후에 나무를 보면 그 나무의 특성을 더욱 잘 알 수 있다. 이해하지 못했던 부분은 나중에 되돌아보면 자연스럽게 이해되는 경우가 많다. 어려운 논문이나 수학도 마찬가지다. 책을 읽을 때 목차를 먼저 죽 훑어보고 나면 지금 읽는 것이 전체 구도 속에서 어떤 위치에 있으며 앞뒤의 관계가 어떻게 되는지 파악하기가 쉬워진다.

전체를 파악하고 나서 부분을 이해하라. 즉, 대충 공부한 다음 개개의 부분이 어떤 의미를 지니는지 파악하는 것이 좋다. 과제를 대충 공부하면 첫째, 시간이 절약될 수 있고 둘째, 심리적 부담이 줄어들며 셋째, 무엇이 중요한지 쉽게 파악할 수 있다.

전체를 개괄해 놓으면 집중적으로 학습해야 할 내용을 취사선택할 수 있는 여유가 생긴다. 공부의 기본 요령은 중요한 것과 중요하지 않은 것을 파악한 다음 중요 내용에 힘을 쏟는 것이다. 무차별 폭격이 적중 확률이 떨어지듯 전략 없이 마구잡이로 공부하는 것은 두뇌 개발은 물론 성적 향상에도 도움이 안 된다. 독서든, 공부든 숲을 본 다음 나무를 보는 것이 좋다.

공부를 잘하는 사람과 일을 잘하는 사람의 공통점은 중요한 것에 집중하는 능력을 가졌다는 것이다.

학습 내용은 80퍼센트 정도만 이해하고 나머지 20퍼센트는 그냥 넘어가는 것이 좋다. 일반적으로 과제의 80퍼센트 정도는 전체 맥락을 통해 쉽게 파악할 수 있다. 영어는 발음이, 수학은 기초 개념이 어려운 20퍼센트에 해당한다.

미국의 어린아이가 발음 규칙, 단어, 문법을 익힌 후 말을 배운 것은 아니다. 어쨌든 이런 것들이 진도를 나가는 데 방해가 돼서는 안 된다. 일단 앞으로 나아가라. 그리고 숲을 파악하라. 숲을 조감하게 되면 그때 나무가 보이기 시작한다. 높은 곳에 가면 자연히 어려운 20퍼센트가 보이는 경우가 많다. 기초를 완벽하게 하려다가는 진도가 나가지 않을 것이다.

짧은 인생을 살면서 기초에 얽매여서야 되겠는가. 우리의 인생 자체가 완벽한 기초를 토대로 이뤄진 것이 아니다. 우리의 일상생활도 완벽하게 이뤄지는 것이 아니라 대충 이뤄지고 있다. 예컨대 우리가 일상적으로 쓰는 말들 중에서 그 뜻을 정확히 모르는 것도 많다. 우리의 언어생활도 대충 이뤄지고 있는 것이다. 우리가 최선을 다하는 완벽형 인간이라면 일상생활 자체가 불가능할 것이다. 인간은 근본적으로 최선을 다하며 살아갈 수 없도록 프로그램화되어 있는 존재다. 최선은 오직 신의 영역일 뿐이다.

마흔여섯.
잠자는 머리를 흔들어 깨워라

　　　　　　우리는 일생 동안 자신의 뇌를 제대로 쓰지도 못하고 죽는다. 불가리아의 심리학자 게오르기 로자노프 박사는 우리의 뇌는 가진 능력의 10퍼센트밖에 사용되지 못하고 있다고 주장했다. 그는 나머지 90퍼센트의 능력은 잠재의식을 이용해 일깨울 수 있다고 생각한다.

　남자의 뇌 무게는 약 1,330그램, 여자는 1,240그램 정도인데, 무게 차이는 머리의 좋고 나쁨에서 비롯되는 것이 아니라 체중과 비례해서 생긴다. 뇌세포의 숫자는 140억 개나 되는데 일생 동안 아주 적은 수만 소멸되고 대부분 그대로 유지된다.

　사람마다 실력의 차이가 나는 것은 뇌세포 중에서 중심적인 역할을 하는 신경세포인 뉴런 때문이다. 뉴런 하나하나가 몇 백 개에서 8천 개 정도의 가지를 치고 있다. 이 가지들이 엉켜서 서로 통신을 한다. 그 연결에 따라 사람의 머리가 좋고 나쁨은 물론 사고방식, 감정, 의지까지 결정된다.

집중력을 높이고 오른쪽, 왼쪽 뇌를 골고루 활용하는 것은 뇌의 활성화에 큰 도움을 준다. 좌뇌와 우뇌의 관계에 관한 연구로 노벨의학상을 받은 스페리 박사는 좌뇌는 언어적, 논리적, 분석적 사고, 계산 등을 담당하고 우뇌는 이미지, 회화, 직관력, 종합력, 운동 등을 담당한다는 사실을 알아냈다.

뇌를 충분히 활용하기 위해서는 좌뇌와 우뇌를 균형 있게 개발해야 한다. 우리나라의 교육은 대체로 좌뇌 교육에 치우쳐 있다. 주입식 수업, 암기 위주의 교육, 객관식 시험을 그 예로 들 수 있다. 심지어 시를 감상할 때도 입시를 염두에 둔 암기 교육을 한다. 그러니 교육 현장에서 감동이 있을 수 없다. 말로는 창의성 교육을 내세우지만 사실은 그 반대의 교육을 하고 있는 것이다.

한국인은 원래 우뇌형 인간이었다. 우리나라의 건축물, 도자기, 5음계, 산수화 등은 우뇌의 직관력과 창조력에 힘입은 것이다. 그러다 일제 강점기와 경제 개발의 과정을 거치며 주입식 교육에 의존하게 되면서 창의성 교육과 점점 멀어지고 있는 실정이다. 이제는 우뇌의 창조적 기능을 되살려야 한다. 그렇다고 좌뇌의 합리적 기능을 무시해서는 안 된다. 우뇌에서 떠오른 아이디어가 현실화되려면 좌뇌의 정교함이 필요하기 때문이다.

뇌에 관해 한 가지 재미있는 점이 있다. 사람의 오른쪽 눈으로 들어오는 정보, 오른쪽 귀로 들어오는 정보, 오른쪽 팔다리로 들어오는 정보는 모두 왼쪽 뇌로 들어간다는 사실이다. 반대로 왼쪽으로 들어오는 정보는 모두 오른쪽 뇌로 들어온다. 즉, 좌반신은 우뇌의 영향을 받고 우반신은 좌뇌의 영향을 받는다는 것이다. 따라서 운동을 할 때 좌반신을 많이 움직이면 우뇌를 자극하는 효과가 있다.

우뇌는 감각적, 직관적, 회화적 인식력, 패턴 인식력, 운동 감각 등을 맡고 있으므로 스포츠, 회화, 음악은 훌륭한 우뇌 개발 수단이 된다. 새로운 세계를 찾아나서는 여행도 우뇌의 영역을 넓힌다. 잘 놀 줄 아는 사람이 공부도 잘하는 것은 좌뇌와 우뇌의 균형이 잘 잡혀 있기 때문이다.

우뇌는 실제로 어떻게 활용될 수 있을까. 학생의 경우 어떤 자료를 바로 이해하기 힘들 경우 기호나 그림으로 그려보는 것이 좋다. 사회학자는 자신이 사는 지역의 구석구석을 살펴보고, 심리학자는 많은 사람들을 만나보고, 식물학자는 산과 들로 나가고, 경영자는 생산 현장을 둘러보아야 한다. 새로운 창조적 아이디어는 책상머리에서가 아니라 필드에서 나온다.

마흔 일곱.
영어를 정복해야 세계를 정복한다

언어는 정보 전달의 중요한 수단이다. 언어는 모든 과목 중에서 가장 기본이 된다. 특히 영어는 성공을 위해 필수적으로 습득해야 할 언어다. 지식 기반 사회에서는 언어가 모든 것의 기본이다. 특정 언어의 사용자 수가 많거나 기록된 정보의 양이 많으면 그 언어는 다른 언어가 넘볼 수 없는 지위를 갖게 된다. 바로 영어가 그런 권력을 지니고 있다. 미국의 지배적인 위치 때문에 더욱 그러하다.

유네스코는 보고서 '세계 사멸 위기 언어지도'를 통해 현재 6천여 개의 언어 가운데 90퍼센트가 100년 후에는 사멸할 것이라고 예상했다. 사용 인구가 1어이 넘고 국력이 10위권에 들고 정부가 이중 언어 정책을 채택할 때 그 언어는 비로소 생명력을 지닌다고 부언했다. 살아남은 언어들조차 영어에 비해 위상이 낮아지는 것은 피할 수 없을 것이다.

대학 도서관에 들러보면 책상 위에 시험대비용 영어책 한 권 안 놓인 곳이 없다. 한창 학문에 몰두해야 할 학생들이 실용 영어에만 매달리고 있다. 엄청난 낭비가 아닐 수 없다. 영어에 투자하는 시간과 돈이 많을수록 우리나라의 경쟁력은 뒤처질 수밖에 없다. 만약 일본이 영어의 스트레스에서 자유로울 수 있었다면 미국을 능가했을지도 모른다. 우리나라가 영어 스트레스에서 자유로웠다면 지금쯤 홍콩과 싱가포르는 물론 일본도 능가하는 선진국이 되었을 것이다.

우리나라 학생들은 학교라는 지식 주입 공장에서 똑같은 교육을 받고 똑같은 시험을 쳐서 대학에 진학하고 있다. 이런 입시 지옥, 내신 지옥의 불합리와 비효율에 불만을 가진 사람들은 조금만 여유가 되면 아이들을 해외로 보내고 있다. 이런 상황에서 우리가 선택할 수 있는 대안은 하나뿐이다. 홍콩이나 싱가포르처럼 영어를 공용어로 사용하는 것이다.

일찍이 소설가 복거일 씨도 '영어공용화론'을 제기한 바 있다. 그는 영어공용화론 반대론자들이 지식과 정보를 독점하려는 음험한 생각을 품고 있지 않나 의심한다. 라틴어를 읽고 쓸 수 있었던 중세의 엘리트들이 지식을 독점하면서 당시의 사회를 암흑의 시대로 만들었다. 영어공용화론과 무관하게 앞서 나가는 지식 소유층은 자식들에게 영어를 열심히 가르칠 것이다. 자신들의 특권적 지위는 영어를 무기로 지닌 자식들에게 이어질 것이다. 영어 공용화를 통해 모든 사람들이 영어에 능숙해진다면 자신들의 자식들은 특권적, 차별적 지위를 누리지 못할지도 모른다.

토익 만점을 받고 영어 단어를 달달 왼다고 해서 영어를 잘한다고는 말할 수 없다. 실제로 써먹을 수 있으려면 실전 훈련을 거쳐야 하기 때문이다. 영어 책을 읽을 때는 의미 단위에 따라 마치 우리말을 읽듯이 죽죽 읽을 수 있어야 하고, 말을 할 때는 자신의 의사를 원활히 전달할 수 있어야 한다.

국내에서 영어는 공부가 되고 미국에서는 생활이 된다. 언어에 특별한 재능이 없는 한 말을 배우는 데는 환경의 제약이 따를 수밖에 없다. 언어란 해당 환경 속에서 의미를 가질 수 있는 살아 있는 생명체다. 국가의 미래와 개인의 행복을 위해 이제는 외국어 학습 방법을 혁신해야 할 때다. 영어를 한글과 함께 공용으로 사용하는 것만이 정체에 빠진 영어 교육의 대안이 될 수 있다.

TV를 볼 때는 프로그램에 상관없이 영어 음성과 자막을 자유롭게 선택할 수 있도록 해야 한다. 이것만 하더라도 자연스럽게 살아 있는 영어를 국민에게 노출시킬 수 있다. 정책 입안자의 무관심, 보수론자의 퇴행 의식으로 인해 영어공용화와 영어 TV 프로그램을 당장 실행할 수 없다면, 우선 학습자부터라도 언어 혁명을 일으켜야 한다.

영어를 우리말처럼 읽을 수 있는 방법론을 찾아서 실행해야 한다. 지금까지 우리는 영어 공부를 한다면서 우리말 공부를 더 많이 하지는 않았는지 돌이켜볼 때다. 영어를 우리말로 옮기면서 의역을 하는 것이 영어 공부의 전부로 알아왔던 것이다. 영어는 영어의 순서대로, 있는 그대로 받아들여야 한다.

한번 되돌아보자. 당신은 영어 회화를 위해 모범 문장들을 수십, 수백 번 외웠지만 며칠 지나지도 않아 잊어버리는 기막힌 경험을 하지 않았는가? 몇 달 지나면 까맣게 잊어버리지는 않았는가? 애써 외웠다 하더라도 실제 상황에서는 제대로 써먹지도 못하는 절름발이 공부는 하지 않았는가.

영어 공부의 기본은 '영어를 있는 그대로 받아들이는 것'이다. 영어의 어순대로 단어 하나하나의 원뜻을 그대로 새기는 방식이 그것이다. 지금까지의 방식, 예컨대 무작정 암기, 무작정 듣기, 번역식 해석 등으로 공부하면 10년이 아니라 100년을 공부해도 영어를 정복할 수 없다. 영어를 공부할 때는 한국어식 사고방식이 아니라 영어식 사고방식을 가져야 한다. 구체적인 방법을 알아보자.

첫째, 영어를 있는 그대로 받아들이기만 하면 된다. 우선 영어의 어순을 그대로 지켜줘야 된다. 우리말은 도치법이 발달한 유연한 언어이기 때문에 영어의 어순 그대로 직역해도 이해하는 데는 거의 지장이 없다. 우리말은 정말 세상에서 가장 뛰어난 언어다. 그 근거는 과학적 창제 과정보다 도치법에 있다고 볼 수 있다. 그러나 영어는 어순에 얽매인다.

예를 들어 'K love you'는 어순을 바꾸면 'love You K'처럼 문장이 성립되지 않거나 'You love K'처럼 뜻이 바뀐다. 그러나 '나는 너를 사랑한다'는 어순을 바꿔 '사랑한다 나는 너를' 혹은 '너를 사랑한다 나는'이라고 말해도 의미가 바뀌지 않는다. 다만 우리말은 조사가 의미를 결정짓는 경우가 많다는 점에 유의해야 한다.

영어를 정확히 있는 그대로 파악하면 번역은 우리말 실력의 문제다. 있는 그대로 자연스러운 번역이 가능하면 영문의 순서대로 번역하는 것이 좋다. 구태여 힘들게 말을 돌려가며 번역하는 것이 반드시 잘하는 번역은 아니다. 다만 진치사, 조동사, 접속사, 부정어 등은 말의 자연스러운 연결을 위해 뒤에 해석해 주는 것이 좋다.

실제로 영어 어순을 그대로 이해하고 영어 단어의 기본 의미를 그대로 적용해 보자.

Give my best regards to your mother.
Mind if I sit here? No.
Do you think I am wearing heavy makeup?
I have a tight muscle around my neck.
I had my bicycle stolen in the park.

너의 어머니에게 안부 전해줘.
여기 앉아도 될까요? 예.
내가 화장을 너무 진하게 한다고 생각하니?
목이 뻣뻣해.
나는 공원에서 자전거를 도난당했다.

우리는 위의 번역처럼 영어 문장을 해석해 왔다. 완벽한 우리말로 번역해내야 제대로 공부한 것이라는 강박관념이 바로 한국 영어를 망쳐온 근본 원인이다. 영어 문장을 받아들이는 우리의 사고방식이 한국식이라면 영어를 배우는 것이 아니라 영어에 해당되는 우리말을 공부한 것이나 다름없다.

위 문장을 다음처럼 단어 하나하나 원래의 뜻대로 해석해 보자. 영어식으로 우리말을 떠올리는 것이 목적이다.

주세요, 나의 가장 좋은 관심들을, 당신의 어머니에게.
꺼리십니까, 내가 앉으면, 여기에? 아니오.
('여기 앉아도 될까요? 예'라고 해석하는 것은 원문을 무시하는 것이다. No는 어디까지나 No일 뿐이다.)
너는 생각하니, 내가 입고 있다고, 무거운 화장을.
나는 갖고 있어요, 꽉 끼는 근육을, 나의 목 주변에.
나는 가졌다, 나의 자전거를, 도난당한, 공원에서.
(have를 사역동사로 해석하기보다 원래의 뜻대로 '가지고 있다'로 해석하는 것이 중요하다.)

위의 한글 해석은 우리말이면서도 영어를 있는 그대로 옮긴 것이므로 내용 자체는 영어와 다를 바가 없다. 자, 이제는 위의 해석을 보면서 영어를 떠올려 보자. 마치 마법이 풀리는 것처럼 영어가 술술 나오지 않는가.

단어의 원뜻도 제대로 확인하지 않고 영문의 의미를 그냥 통째로 외우려 든다면 수백, 아니 수천만의 조합된 문장도 그런 식으로 외워야 할 것이다. 결국 평생을 해도 안 된다는 것이다. 원래의 뜻대로 해석을 해도 의미 파악에는 거의 지장이 없다. 관용적인 표현도 거의 다 의미 파악이 가능하다. '무거운 화장'은 당연히 '진한 화장'으로 생각할 수 있을 것이다. '입는다, 무거운 화장을'이란 표현이 재미있지 않은가? 재미있는 표현은 기억에 큰 도움을 준다. 영어를 순서대로, 1차적 의미 그대로 해석하는 것이 최선의 영어 공부 방법이다.

영어를 있는 그대로 받아들이는 것은 마치 도를 닦는 것과도 같다. 원효 스님은 해골 물을 마신 뒤 사물을 있는 그대로 받아들이게 됐다. 사람도 선입견을 버리고 있는 그대로 받아들이면 갈등은 있을 수 없다. 나와 그의 차이에 대해 왜 시비를 거는가. 나와 그의 차이가 서로를 존재하게 하는 이유일 것이다. 있는 그대로 받아들이는 것 이상 명백한 것은 없다.

마흔여덟.
글 잘 쓰는 사람이
성공한다

        어느 대기업의 임원이 내게 이런 하소연을 했다. 신입 사원들이 쉬운 기안서 한 장 제대로 작성하지 못한다는 것이다. 외국 유학생 출신 중에는 기본적인 우리말조차 구사하지 못하는 사원도 있다고 한다. 글을 못 쓰는 사람이 직장에서 살아남으려면 영어 구사력, 컴퓨터 사용 기술 등 다른 특출한 능력이 있어야 할 것이다.

  성공하려면 글을 잘 써야 한다. 실제로 대기업의 임원치고 글을 못 쓰는 사람은 드물다. 상대방을 설득하려면 자신의 생각을 논리적으로 정확하게 표현할 수 있어야 한다.

  글을 전문적으로 다루는 사람조차 글쓰기에 어려움을 느낀다. 글이란 조각 작품처럼 균형이 잡혀 있어야 할 뿐 아니라, 건축물처럼 정교해야 하기 때문이다.

글은 누구나 쉽게 이해할 수 있어야 하므로 간결해야 한다. 이음새나 박음질 하나 보이지 않는 옷처럼 깔끔해야 한다. 장황하게 단어들만 나열해 놓은 글은 읽는 사람의 눈을 어지럽게 할 뿐이다. 미사여구나 군더더기가 없으면서도 글맛이 감돌아야 한다.

입에 붙어서 흘러가는 말이 가장 자연스러운 말이다. 문장을 입으로 읊조려보라. 입에 걸리는 문장이 있으면 비문이라고 보면 틀림없다. 글이란 물 흐르듯 흘러가야 한다.

어떻게 하면 간결하고, 논리적이고, 균형 잡힌 글을 쓸 수 있을까. 글을 전문적으로 다루는 사람들도 흔히 놓치는 대표적인 사례들을 간추려 보았다. 기존의 문장론 책에서는 잘 다루어지지 않는 것들이지만, 경험에서 우러나온 것들이므로 실전에서는 요긴하게 응용할 수 있을 것이다.

1 주술관계의 호응을 확인한다. 'A는 B다' 혹은 'A는 ~하다' 이것은 문장의 기본 패턴이다. 기본으로 다시 돌아가라. 주어와 술어가 호응이 되지 않는 글들을 흔히 본다. 불필요한 단어들을 장황하게 나열하다보면 자신도 모르게 앞의 말과 뒤의 말이 호응이 되지 않는 경우가 생기므로 주의해야 한다.

예1 다음 주부터는 주가가 오를 전망입니다.

('주가=전망'은 아니다.)

→ 다음 주부터는 주가가 오를 전망이 있습니다.

예2 여기서 알아야 할 점은 일제의 식민지 교육이 식민지 도구에 지나지 않았으며, 간교한 민족 분열의 수단인 동시에 정치선전이었다.

(주어는 '알아야 할 점'이다. '알아야 할 점=정치 선전'의 등식이 성립하지 않으므로 '정치 선전이었다는 것이다'로 바꿔줘야 한다. 하지만 '~한 점은 ~것이다'와 같은 표현은 영어의 영향을 받은 것이므로 가능한 사용하지 않는다.)

→ 여기서 일제의 식민지 교육이 식민 통치의 도구에 지나지 않고 간교한 민족 분열의 수단인 동시에 교묘한 정치 선전의 일환이라는 사실을 간과해서는 안 된다.

(식민 통치의 도구, 민족 분열의 수단, 정치 선전의 일환이 대구가 되고 있다. 즉, '일제의 식민지 교육=식민 통치의 도구=민족 분열의 수단=정치 선전의 일환'이라는 등식이 성립한다.)

2 '~고, ~며' 등의 연결사를 남발하지 않는다. '~며, ~고'를 너무 많이 사용하면 문장이 늘어지거나 꼬일 수 있다. 일반적으로 '~고'는 동일한 요소를 나열할 때 사용하고, '~며'는 다른

성격의 내용을 연이어 연결할 때 사용한다. 많은 사람들이 '~고'를 사용하다가 변화를 주려고 억지로 '~며'를 끼워 쓰는 경향이 있다. '~며'는 성격이 다른 내용을 열거할 때에 한해서 사용하는 것이 좋다. '~며'는 부대 상황이나 원인으로 해석할 수도 있다.

예1 그는 길도 닦고, 벌목도 하고, 덫으로 곰을 잡는 일도 하고, 토지를 개간하는 일도 하고, 옥수수를 재배하는 일도 하고, 통나무집을 짓는 일도 했다.

('~고'를 남발해 호흡이 길어졌다. 관련 내용이나 중요도에 따라 내용을 묶어서 문장을 분리할 필요가 있다.)

→ 그는 배가 고파지면 일거리를 찾아 길을 닦거나 나무를 베는 일을 하였다. 덫으로 곰을 잡거나 옥수수를 재배하기도 했고, 토지를 개간하거나 통나무집을 짓기도 했다.

예2 4편의 연극 무대의 배우로 서고, 3편의 연극을 기획했으며, 1편의 연극의 연출을 역임했습니다.

('~고' '~며'가 원칙 없이 뒤섞이는 것은 바람직하지 않다. 이 경우에는 배우 활동과 기획, 연출 경험을 대비시키는 것이 자연스럽다.)

→ 4편의 연극 무대에서 배우로 섰던 나는 3편의 연극을 기획하고 1편의 연극을 연출했습니다.

예3 말로써 정의를 다룰 수 없고 글로써 세상을 읽을 수 없으며, 살아 있는 동안의 몸으로써 돌이킬 수 없는 시간들을 다 받아 내지 못할진대, 땅 위로 뻗은 길을 걸어갈 수밖에 없으리.

(김훈의 『남한산성』에서. '~고'는 유사한 요소를 나열할 때 사용했고 '~며'는 다른 성격의 내용을 연이어 연결할 때 사용했다.)

3 '~고'와 '~는데'를 구별하여 사용한다. '~고'는 동일한 요소를 나열할 때 사용하고, '~는데'는 앞의 내용을 부가적으로 설명할 때 사용한다.

예1 '공부에 불이 붙는다'는 카피를 동료들과 협력해서 만들고 그것이 전파를 탈 때 느꼈던 감동은 대단한 것이었습니다.

('만들고 그것이'를 '만들었는데, 그것이'로 고친다. '~는데' 뒤에 나오는 내용은 앞의 내용을 부가적으로 설명하는 역할을 한다.)

→ '공부에 불이 붙는다'는 카피를 동료들과 협력해서 만들었는데, 그 카피가 전파를 탔을 때 느꼈던 감동은 지금도 잊을 수 없습니다.

예2 아주 엉성하게 지어진 오두막이 한 채가 있었고 그 주변에는 야생 사과나무가 무성하게 자라고 있었다.

('있었고'를 '있었는데'로 고친다.)

→ 엉성하게 지어진 오두막이 한 채 있었는데, 그 주변에는 야생 사과나무가 무성하게 자라고 있었다.

4 '그리고, 그러나, 그래서' 등의 접속사는 너무 자주 사용하지 않는다. 원래 우리말에는 접속사가 없다. 말 속에 접속사가 포함되어 있다. 그만큼 우리말은 날씬한 언어다. 안타깝게도 영문법의 영향으로 대다수 사람들의 글 속에는 불필요한 주어와 접속사가 넘쳐나고 있다. 접속사는 문장의 앞뒤를 논리적으로 연결하기 힘들거나 논리적 서술에 자신이 없을 경우에 흔히 사용된다. 온전하게 순접인 경우나 역접인 경우는 거의 드물다.

예 링컨의 어머니 낸시 행크스는 친척 집에서 자랐으며, 아마도 학교 교육이라고는 전혀 받지 못한 것 같다. 그리고 문서에 서명 대신 표식을 한 것으로 보아 글을 쓰지 못했음을 알 수 있다.

(그리고를 쓰지 않아도 문장 흐름에 이상이 없다. '~며'와 '아마도'의 연결이 부자연스럽다. '아마도'는 군더더기 표현이다.)

→ 친척 집에서 자란 링컨의 어머니 낸시 행크스는 학교 교육이라고는 전혀 받지 못했다. 문서에 서명 대신 표식을

한 것으로 보아 글을 쓰지도 못한 것 같다.

5 정확한 대구로 문장의 균형을 잡는다. 문장의 요소가 정확하게 대비되면 글에 안정감이 생긴다. 어느 한 요소가 다른 요소에 비해 너무 많은 내용을 담고 있을 때 내용이 꼬이고 균형이 깨진다. 서로 다른 문법적 요소가 대비되어서도 안 된다.

예 전문가들에 따르면 우리가 하고 있는 걱정의 80퍼센트는 일어나지 않을 일이며, 나머지 20퍼센트 중에서도 우리 힘으로 어쩔 수 없는 일들이 대부분이며 우리 힘으로 할 수 있는 일은 2퍼센트도 안 된다는 것이다.
(공지영의 『아주 가벼운 깃털 하나』 중에서. '~며'를 무분별하게 사용해 주어가 명료하게 드러나지 않고 대구도 제대로 성립하지 않는다.)
→ 우리가 하고 있는 걱정의 80퍼센트는 일어나지 않는 일이고, 나머지 20퍼센트는 우리 힘으로 해결할 수 없는 일이라고 한다. 우리가 할 수 있는 일은 채 2퍼센트도 안 된다는 것이다.

6 형용사를 부사로, 명사를 동사로 변환시키면 문장이 자연스러워진다. 어설픈 글에는 형용사 절이 덧칠되어 있고, 명사가 여

러 번 나열되어 있는 경우가 많다. 영문법의 영향을 받았기 때문이다. 형용사와 명사를 자주 쓰다보면 자칫 논리적 오류에 빠질 가능성도 높다.

  예 이런 곳에 정착하려는, 판단력이 부족한 사람은 그리 많지 않았다.

  (형용사절이 두 번 반복되어 균형이 깨진 글이다. 앞뒤의 인과관계를 밝혀서 부사로 문장을 연결해 주면 된다.)

  → 이런 곳에 정착할 정도로 판단력이 부족한 사람은 그리 많지 않았다.

7 군더더기 말을 사용하지 않는다. 문장에 자신이 없거나 생각이 정리되지 않았을 때 부족한 것을 메우기 위해 흔히 군더더기 말을 사용한다. '그런 이유로, 그러다 보니, 아마도, 기록에 의하면' 등 군더더기 말만 빼도 문장이 날씬해진다.

  예 이런 곳에 정착할 정도로 판단력이 부족한 사람은 그리 많지 않았다. 그런 이유로 겨울이면 그곳은 켄터키 주에서 가장 외지고 황량한 곳이 되었다.

  ('그런 이유로'는 '~므로'로 바꾸어준다.)

  → 이런 곳에 정착할 생각을 가진 사람은 거의 없었으므로

겨울이 되면 그곳은 켄터키 주에서도 가장 외지고 황량한 느낌을 주었다.

8 중복된 표현을 피한다. 강조를 하거나 불가피하게 중복해야 할 경우에는 다른 유사한 표현을 사용한다.

예　톰 링컨은 되는대로 떠돌아다니며 사는 아무짝에도 쓸모없는 떠돌이 부랑자로 배가 고플 때만 일거리를 찾는 사람이었다.

('～로, ～로서'는 가능한 쓰지 않는다. '되는대로 떠돌아다니는', '떠돌이', '부랑자'는 의미가 중첩된다. 단어를 늘어놓다보면 의미가 중첩된 표현을 쓰기 쉽다.)

→ 아무짝에도 쓸모없는 부랑자였던 톰 링컨은 배가 고플 때만 일거리를 찾았다.

9 적합한 용어를 골라 쓰고 관용적 표현을 살린다. 문학적 표현과 관용적 표현은 다른 개념이다. 관용적 표현을 어기면 논리적으로 문장이 어색해진다. 또한 속어보다는 품격 있는 용어를 골라 쓴다.

예　어디를 가건 서출이라는 꼬리표가 그녀를 괴롭혔다.

('꼬리표가 따라다녔다'가 관용적 표현이다. 서출과 미혼모의 자식과는 구별되므로 상황에 맞게 용어를 골라 써야 한다.)

→ 어디를 가든 미혼모의 자식이라는 꼬리표가 그녀를 따라다녔다.

10 문학적 감성에 호소한다. 문학적 감각이 배어 있는 표현을 가미하면 문장이 맛깔스러워진다. 내면을 감각적으로 드러내는 문학적 표현은 인위적으로 끌어낼 수 있는 것은 아니다. 다양한 독서와 꾸준한 글쓰기가 밑받침이 되어야 자연스럽게 우러나오는 법이다.

예 한겨울인 2월에 흩날리던 함박눈이 통나무 틈으로 들어와 낸시 행크스와 아기가 덮고 있던 곰 가죽 위에 떨어졌다.

→ 그 춥던 2월의 한복판에서 서성이던 함박눈이 바람을 타고 통나무 틈을 비집고 들어와 낸시 행크스와 아기가 덮고 있던 곰 가죽 위를 휘돌아 내려앉았다.

(『데일카네기 나의 멘토 링컨』 중에서. 열악한 모습을 그리면서 동시에 평화스러운 느낌을 주고 있다.)

마흔아홉.
완벽한 독서에 대한 강박증을 버려라

많은 사람들은 책을 정확하게 읽으려면 반드시 첫 단어부터 마지막 단어까지 하나하나 읽어야 한다는 강박증을 가지고 있다. 어떤 사람은 책을 읽을 때 온몸을 긴장한 상태에서 정신을 집중한다. 읽은 내용은 기억하려고 노력한다. 내용을 이해하고 기억하기 위해 온몸을 바치는 것이다. 지금까지 우리는 독서의 목표가 읽은 내용을 완전하게 분석하고 기억해내는 것이라고 믿고 있었다. 대다수 사람들은 이런 독서법을 당연한 것으로 받아들인다. 이런 방식의 독서에 익숙한 사람은 책을 빨리 읽으려고 하면 내용 이해도가 그에 비례해 떨어지게 돼 있다.

우리는 수많은 정보에 노출되어 있다. 우리에게 필요한 정보도 있을 것이고 불필요한 정보도 있을 것이며 오히려 해악이 되는 쓰레기 같은 정보도 있을 것이다. 전통적인 독서 습관에 길들여

진 사람들은 자신에게 필요한 정보를 얻으려면 산더미 같은 정보를 모두 읽어내야 한다. 책이나 신문을 오랜 시간 읽고 난 후 그 내용이 자신에게 별로 도움이 되지 않는다는 것을 알고 허탈해 한 경험이 누구에게나 있을 것이다. 주어진 정보를 수동적으로 그냥 받아들일 때는 언제나 이런 일이 발생한다. 필요 없는 일을 하는 데 시간을 뺏기면 뺏길수록 우리의 인생은 그만큼 줄어든다. 그만큼 삶의 질도 떨어진다.

전통적인 독서에 익숙한 사람은 모든 종류의 읽기 자료를 같은 속도로 읽는다. 심지어 만화책을 읽을 때의 속도와 대학 교재를 읽을 때의 속도가 같은 경우도 있다. 전문 서적을 읽을 때와 만화·소설 등을 읽을 때는 당연히 속도를 달리 해야 한다. 이런 사실을 알고 있는 사람들조차도 읽기 훈련이 제대로 되지 않아 실전에서는 여전히 똑같은 속도로 읽는다.

일부러 빠른 속도로 읽으면 그에 비례해 이해도가 떨어진다. 많은 사람들이 모든 읽을거리를 한 번 보는 것만으로도 전부 이해해야 한다는 압박감에 시달리고 있다. '완전한 독서'에 대한 집착이 오히려 독서의 걸림돌이 되고 있는 것이다. 먼저 완벽하게 배우겠다는 생각을 버려야 한다. 완벽주의에 대한 강박증은 실패에 대한 두려움을 부른다. 결과에 집착해 조급해 해서도 안 된다.

완벽한 독서에 대한 압박감을 버리면 누구나 속독가가 될 수 있다. 속독이 가능할 때 자신에게 필요한 것과 필요하지 않은 것에 대한 취사선택을 자유자재로 할 수 있게 된다. 한 단어, 한 줄씩 읽는 초등학교 시절에 배운 독서법으로는 결코 취사선택이 가능하지 않다. 잠재의식 속으로 정보를 받아들이는 연습을 하면 집중력을 기를 수 있다. 속독은 우뇌가 활성화된 알파파 상태에서 이뤄질 수 있다. 이런 상태에서는 많은 정보를 잠재의식 속으로 받아들일 수 있다. 잠재의식 속에서는 좌뇌의 논리적 활동이 상대적으로 낮아져 이해력이 떨어질 수도 있을 것이다. 이럴 경우에는 중요도에 따라 속도의 완급을 조절하면 오히려 이해도를 높일 수도 있다.

최근 독서 열풍과 맞물려 각종 속독법이 인기를 끌고 있다. 이에 대한 반론도 만만찮다. 일부 전문가들은 속독법이 사고력 향상에 도움이 되지 않는다고 잘라 말한다. 속독법이 글을 읽는 속도는 향상시킬 수 있을지 몰라도 이해의 폭을 넓힐 수는 없다는 것이다. 이해력이 향상되면 자연히 독서 속도가 빨라진다고 본다. 일리가 있는 주장이다.

속독법을 배운 아이들이 책을 빨리 읽지만 창의력, 문제 해결

능력, 어휘력은 오히려 부족한 것으로 드러났다고 한다. 키워드를 중심으로 줄거리 파악에 치중하기 때문에 나타난 결과다. 언어 심리학에서는 독서 능력이 제대로 형성되지 않은 시기에 속독을 통해 키워드를 골라내는 것 자체를 허구로 보기도 한다.

　책을 많이 읽는다고 반드시 사고력과 글쓰기 능력이 향상되는 것은 아니다. 우리나라 아이들은 독서 열풍에 힘입어 많은 책을 읽는데도 창의력과 판단력은 낮은 것으로 나타났다. 이를 근거로 일부 독서 전문가들은 책을 열 권 빨리 읽는 것보다 한 권을 제대로 읽는 것이 낫다는 견해를 내세운다. 통독이나 속독으로 책을 많이 읽는 것은 지식 습득에는 도움이 되지만 창의성과는 무관하다는 입장이다.

　많이 읽는 것보다는 한 권이라도 생각을 하면서 읽는 것이 창의력, 글쓰기 등에 더 도움이 되는 것은 사실이다. 그렇지만 한 권을 정독하는 것보다, 열 권을 통독한 후 좋은 책을 엄선해 한 권을 정독하는 것이 훨씬 바람직하다. 속독은 또 다른 학습의 무기다. 포토리딩 독서를 하게 되면 통독과 정독을 복합적으로 활용할 수 있다. 포토리딩은 정독을 위한 명상이다.

쉰.
사진을 찍듯이
책을 읽어라

'잠재의식으로 사진 찍기', 즉 포토리딩을 하면 책 전체 내용을 짧은 시간에 개괄할 수 있다. 정보의 홍수 시대에 살고 있는 우리는 어떤 주제의 읽을거리도 포토리딩을 이용해 원하는 수준의 속도로 독서를 할 수 있다.

포토리딩은 페이지 단위로 마치 사진을 찍듯이 잠재의식에 입력하는 것을 말한다. 글자 하나하나, 단어 하나하나 읽는 것과는 차원이 다르다. 포토리딩은 폴 쉴리라는 미국인이 체계화했다.

우리나라에서도 이미 오래전에 포토리딩을 실천한 사람이 제법 있다. 미국 시사주간지 『타임』을 명상하듯이 읽었다는 성철스님, 자칭 국보인 양주동 박사, 고시 3관왕인 박찬종 전 의원도 포토리딩을 한 것으로 알려져 있다. 소위 우등생들은 알게 모르게 포토리딩을 하고 있다.

잠재의식으로 사진을 찍듯이 읽을거리를 받아들이는 포토리딩의 최소 단위는 한 단락이다. 이론적으로는 한 페이지를 포토리딩의 단위로 삼지만 책의 성격에 따라 정하는 것이 합리적이다.

폴 쉴리의 이론을 토대로 포토리딩 훈련법을 소개한다.

먼저 독서의 방향과 목적이 설정됐다면 몸과 마음을 느슨하게 한다. 잠재의식을 활성화하기 위해 몸 전체를 이완시켜야 한다. 그러려면 어깨에 힘을 빼고 자세를 바르게 하는 것이 필요하다. 눈도 부드럽게 풀어준다.

신체의 이완은 잠재의식의 활성화에 필수적이다. 신체는 정신에, 정신은 신체에 영향을 준다. 이런 상태에서는 수도하는 사람들이 참선을 할 때와 마찬가지로 어떤 불안감도 존재하지 않는다. 결과에 대해 걱정할 이유도 없다. 편안하지만 갈 곳이 있는 상태다. 가속 학습 상태는 뇌에 알파파가 형성되어 우뇌가 활성화된 상태이다.

폴 쉴리는 포토리딩의 핵심 기법으로 귤 기법을 제안한다. 귤 기법은 마인드 컨트롤을 위한 준비 단계다. 먼저 귤을 양손에 쥐고 있다고 생각한다. 귤의 크기, 무게, 색깔, 냄새를 떠올린다. 오른손에서 왼손으로, 왼손에서 오른손으로 받는다. 이제 오른손(왼손잡이는 왼손)으로 귤을 잡는다. 그런 다음 후두부 위쪽에 올려놓는다. 손으로 부드럽게 만져준 다음 손을 내리고 긴장을 푼다.

의식을 집중하기 위해 후두부에서 15~20센티미터 위에 있는 공간에 작은 귤이 있다고 상상해 본다. 작은 공이어도 좋고 사과여도 상관없다. 후두부 위의 한 곳에 의식을 집중하는 것이 중요하다. 사람들은 집중하고 있을 때 자연스럽게 후두부 위쪽으로 의식이 옮겨진다. 심령과학에서 후두부 위쪽은 사람의 영혼이 빠져나가는 통로로 알려져 있다. 후두부 위쪽에 의식을 집중하면 시야가 넓어지고 잡념이 줄어들면서 텍스트 이미지가 마치 빨려 들어오는 느낌을 받게 된다.

마음속으로 머리 뒤쪽 위에 귤이 있다고 계속 생각한다. 이것은 마법의 귤이기 때문에 늘 머물러 있다. 이제 자신의 심신 상태가 어떻게 변하는지 느껴본다. 마음이 편안해지고 정신은 깨어 있음을 느끼게 될 것이다. 눈을 감은 채 자신의 시야가 넓게 열리는 것을 상상한다.

이제, 책 읽기를 시작할 준비가 갖춰진 것이다.

준비됐으면 읽지 않은 책의 아무 부분이나 펼친다. 귤을 제 위치에 놓고 두세 단락을 단숨에 읽는다. 눈동자의 흐름이 끊어지지 않고 물 흐르듯 흐르고 시야는 더욱 넓어졌을 것이다. 한 단락, 아니 한 페이지 전체를 볼 수도 있을 것이다. 처음에는 의식적으로 귤을 올려놓게 되지만 나중에는 자동적으로 그 자리에 의식이 집중될 것이다. 몸이 편안하고 정신이 깨어 있는 상태는 독서뿐 아니라 다른 활동에도 적절하게 이용된다. 운동은 물론 피아노 연주에 몰두하거나 수업을 들을 때도 활용할 수 있다.

포토리딩할 때는 눈을 부드럽게 풀어줌으로써 포토포커스photofocus 상태를 만들어준다. 포토포커스란 페이지의 네 귀퉁이를 한눈에 바라보면서 글자 사이의 여백을 보는 것을 말한다. 흰 여백을 바라보는 것 자체가 목적이 아니다. 잠재의식 속으로 흰 여백이 아닌 검은 글자가 빨려들어 오도록 하는 것이 목적이다.

포토리딩을 하기에 앞서 분명한 '목적'을 가지고 있어야 한다. 결과만을 알기 위해 책을 읽을 수도 있고 개요를 파악하기 위해 책을 읽을 수도 있다. 혹은 단순하게 어떤 아이디어를 포착하기를 원할 수도 있을 것이다. 목적의식은 우리의 잠재의식에 밀명을 보내 적극적인 독서를 하도록 준비 운동을 시킨다.

목적 설정, 신체 이완으로 사전 준비를 갖춘 후 예비 탐색 단계에 들어간다. 목차, 머리말, 내용 중의 굵은 글자, 그림, 도표 등 눈에 금방 들어오는 자료들을 중심으로 중요한 용어들의 목록을 머릿속에 그려둔다. 이런 과정을 통해 자신의 목표가 더욱 분명해진다. 읽을 내용이 자신의 목표와 상관이 없다고 판단되면 읽는 것을 포기할 수도 있다. 뼈대를 어느 정도 갖춘 다음 본격적인 포토리딩 단계에 들어간다. 가벼운 읽을거리나 수시로 읽는 자료들은 바로 포토리딩을 적용시킬 수도 있다.

본격적인 포토리딩 단계에서는 하나하나의 글자에 시선을 맞추는 대신 전체 페이지가 한눈에 들어오도록 해야 한다. 전체 페이지가 논리적 과정을 거치지 않고 잠재의식 속으로 사진이 찍히듯 빨려들어 오도록 해야 한다. 1, 2초 정도의 속도로 페이지를 넘겨간다. 페이지를 넘길 때는 '편안하다, 편안하다'라고 자기 암시를 준다. 놓친 페이지는 염두에 두지 않는다. 두 번째 읽을 때 읽으면 되기 때문이다. 요는 의식이 스며들어 머리가 산만해지면 그냥 흘려보낸다.

포토리딩이 된 상태는 정보를 잠재의식 속에 저장한 상태에 지나지 않는다. 포토리딩은 책을 텍스트 정보가 아니라 이미지 정보로 받아들이는 단계다. 일반적으로 언어 정보는 왼쪽 뇌가 담당하고 그림 정보는 오른쪽 뇌가 담당한다. 우리는 그림을 감상할 때 먼저 그림 전체를 본다. 일단 이미지를 받아들이는 것이다. 포토리딩은 일종의 우뇌 학습법에 해당한다.

포토리딩이 된 다음에는 활성화 단계로 넘어간다. 이제는 잠재의식 속에서 현재 의식으로 정보를 꺼내 와야 한다. 일반적인 속독 프로그램인 리듬 타기rhythmic perusal, 숲 읽기, 나무 읽기 등을 활용한다. 숲 읽기는 마음이 이끌리는 부분을 찾기 위해 페이지의 중심선을 따라 빨리 읽는 것이다. 숲 읽기를 하다가 마음이 이끌리는 부분에서는 나무 읽기를 한다.

마지막으로 정상 속독 단계. 처음부터 끝까지 책을 쭉 훑는다. 이 단계에서 필요에 따라 독서할 내용을 취사선택하며 속도를 조절한다. 정상 속독 단계에서는 무조건 빠르게 읽는 것이 아니라 읽는 대상과 주제에 따라 속도에 다양한 변화를 준다. 속독은 빨리 읽는 기술이지만 읽지 않아도 되는 부분을 생략하는 기술이기도 하다. 포토리딩 속독법이 전통적인 속독법을 배제하는 것은 아니다. 최종 단계에서는 전통적인 속독법을 사용한다.

포토리딩 단계, 활성화 단계, 정상 독서 단계는 서로 하나가 될 수가 있고 분리될 수도 있다. 포토리딩 단계에서 활성화와 정상 독서가 동시에 이뤄질 수도 있다는 이야기다. 각 단계는 독서의 대상이나 난이도에 따라 유연하게 정하면 된다.

포토리딩의 조건은 몸과 마음이 편안한 상태라는 것을 잊어서는 안 된다. 지나치게 긴장한다면 오히려 역효과를 가져올 수 있다. 포토리딩을 통해 우리는 활자화된 책을 마음에 사진을 찍어 두뇌에서 현상한다. 포토리딩은 의식적인 노력으로 완성해야 하는 기술이 아니다. 의식의 흐름에 내맡기기만 하면 된다.

단어에 집중하는 대신 시야를 확장해 페이지의 모든 여백을 부드럽게 응시하면 글자가 분명하게 드러난다. 포토리딩은 우리가 일반적으로 속독 학원에서 한줄한줄 빠른 속도로 읽어나가는 안구 훈련법과는 다르다. 좌우 페이지 모두 시야를 확장하는 것이 목표지만 처음에는 한 페이지만으로 시작할 수도 있다. 전체 페이지를 잠재의식에 사진을 찍는 것이 중요하다.

책을 제대로 읽고 싶다면 읽는 것을 포기해야 한다. 자신이 원하는 것을 얻고 싶다면 결과에 집착하지 말아야 한다. 의식적인 차원의 시도는 걱정, 불안, 스트레스 등을 불러일으킨다. 잠재의식에 사진이 찍힌 정보는 의식적인 상태에서 가지고 있는 정보보다 훨씬 더 중요하다. '이해'라는 목표는 이해해야겠다는 의식의 굴레에서 벗어날 때 비로소 찾아오는 선물과도 같은 것이다.

포토리딩의 목표는 무의식이 사진을 찍도록 해서 한번 보기만 해도 전체 내용을 받아들이는 것이다. 포토리딩은 책을 읽는 데만 적용되는 것이 아니다. 모든 일상생활에 해당한다. 우리의 생활 방식에 혁명적 변화를 초래하는 것은 의식의 세계가 아니라 잠재의식의 세계다.

포토리딩은 책 읽기뿐 아니라 학교에서 예습, 복습을 할 때도 적용시킬 수 있다. 한 시간 수업 내용, 한 시간 토론 내용을 귤 기법으로 일 분 내에 정리할 수도 있을 것이다. 학습의 요체는 반복된 복습이다. 한 시간 공부하고 한 시간 복습하는 것보다 집중력을 발휘해 짧은 시간 동안 여러 번 반복하는 것이 더 효과적이다.

  진정한 독서는 숲 읽기와 나무 읽기를 함께하는 것이다. 숲 읽기를 한 독자가 나무 읽기를 더 잘할 수 있다. 숲 읽기를 하면 어떤 내용이 중요한지, 정독하면서 읽어야 할 책은 무엇인지 파악할 수 있다. 숲 읽기는 선택의 폭을 넓혀준다. 높이 나는 새가 멀리 본다. 높이 나는 새는 어디에 좋은 나무가 많은지를 안다.